农产品电子商务应用手册

施维　施远　著

SPM
南方出版传媒
全国优秀出版社
全国百佳图书出版单位
广东教育出版社
·广州·

图书在版编目（CIP）数据

农产品电子商务应用手册 / 施维，施远著．—广州：广东教育出版社，2016.4（2018.9重印）

ISBN 978-7-5548-1007-1

Ⅰ．①农…　Ⅱ．①施…　②施…　Ⅲ．①农产品—电子商务—手册　Ⅳ．①F724.72-62

中国版本图书馆CIP数据核字（2016）第037418号

责任编辑：陈定天　蚁思妍
责任技编：姚健燕
装帧设计：友间文化

农产品电子商务应用手册
NONGCHANPIN DIANZI SHANGWU YINGYONG SHOUCE

广东教育出版社出版发行
（广州市环市东路472号12-15楼）
邮政编码：510075
网址：http：// www.gjs.cn
广东新华发行集团股份有限公司经销
佛山市浩文彩色印刷有限公司印刷
（佛山市南海区狮山科技工业园A区）
889毫米×1194毫米　32开本　7.5印张　162 000字
2016年4月第1版　2018年9月第3次印刷
ISBN 978-7-5548-1007-1
定价：22.00元
质量监督电话：020-87613102　**邮箱**：gjs-quality@gdpg.com.cn
购书咨询电话：020-87615809

前 言

“互联网+”已经在各个领域引发起风潮，加上政府一系列利好政策和法规的出台，使得我国农业发展在电商渠道的拓展方面走向一个新阶段。

2015年11月9日，国务院办公厅发布《关于促进农村电子商务加快发展的指导意见》，让农村有望通过电子商务缔造智慧农业，通过科技手段谱写出崭新的篇章。可以预见，随着“互联网+”时代的电子商务进入农业领域，必定为现代农业的发展和创新打开广阔的天地。

在我国，农业正饱受开发过度、污染严重、资源短缺、生产成本加大和农产品价格普遍上涨的种种压力，迫切需要加快现代化建设的速度，增加改革创新的强度和力度。

谈到农业，就要谈到农村，自然就有农民。在近三十年中，农民大量从乡村涌入城市打工，远离家乡和亲人的滋味让他们分外想念家乡的一切。在“新农人”的名称出现后，越来越多的农民知道有这样一种新人群——他们具有新兴想法，掌握先进技术，对农业生产、经营和服务有着一定的生产经营管理能力。因为新农人的出现，他们身上的正能量影响了很大一部分农民工返乡创业，使得新农人的队伍日益壮大。

“互联网+农业”造就了越来越多的新农人，充分利用移动互联网、大数据、云计划、物联网等新一代信息技术并实现与农业的跨界融合，是解决“三农”问题的新工具，是引导农民致富，进一步推动现代化农业的新模式和新业态。

到目前为止，国内农业电子商务的发展仍然面临着许多棘手的问题，导致在这个行业摸索的从业人员产生相当大的压力和困惑，尤其对新晋的创业者来说，要寻求一条踏入农业电子商务的捷径，不是一件容易的事情。

本书通过作者从开办“青青农场”的两年多时间里走过的每一步，针对电子商务功能在农场的经营和管理中的应用，将经历过的经验和教训概括、归纳、总结，希望对农业电商有深入了解的、期待从农业市场获取利益的、大量返乡创业的农耕从业者等有所启发和借鉴。

目 录

第一章

“互联网+农业”为现代农业发展奠定里程碑

第一节
“互联网+”的概念设计

“互联网+”是创新2.0下的互联网发展的新业态，是知识社会创新2.0推动下的互联网形态演进及其催生的经济社会发展新形态。“互联网+”是互联网思维的进一步实践成果，推动经济形态不断地发生演变，从而增强社会经济实体的生命力，为改革、创新、发展提供广阔的网络平台。

通俗来说，“互联网+”就是“互联网+各个传统行业”，但这并不是简单的两者相加，而是利用信息通信技术以及互联网平台，让互联网与传统行业进行深度融合，创造新的发展生态。它代表一种新的社会形态，即充分发挥互联网在社会资源配置中的优化和集成作用，将互联网的创新成果深度融合于经济、社会各领域之中，提升全社会的创新力和生产力，形成更广泛的以互联网为基础设施和实现工具的经济发展新形态。

国内“互联网+”理念的提出，最早可以追溯到2012年11月于扬在易观第五届移动互联网博览会的发言。易观国际董事长兼首席执行官于扬首次提出“互联网+”理念，他认为：“在未来，‘互联网+’公式应该是我们所在行业的产品和服务，在与我们未来看到的多屏全网跨平台用户场景结合之后产生的这样一种化学公式。我们可以按照这样一个思路找到若干这样的想法。而怎么找到你所在行业的‘互联网+’，则是企业需要思考的问题。"

2014年11月，李克强出席首届世界互联网大会时指出："互联网是'大众创业、万众创新'的新工具。"其中"大众创业、万众创新"正是此次政府工作报告中的重要主题，被称作中国经济提质增效升级的"新引擎"，可见其重要作用。

2015年3月5日，国务院总理李克强在提交十二届全国人大会议审议的政府工作报告中提出："制定'互联网+'行动计划，推动移动互联网、云计算、大数据、物联网等与现代制造业结合，促进电子商务、工业互联网和互联网金融（NEITFIN）健康发展，引导互联网企业拓展国际市场。""互联网+"迅速成为中国社会最热门的词汇，政、产、学、研、资、农等各界人士均对"互联网+"的内涵和外延做出了解读。2015年12月，《咬文嚼字》杂志发布2015年度"十大流行语"，"互联网+"排第二。

2015年3月，全国两会上，全国人大代表马化腾提交了《关于以"互联网+"为驱动，推进我国经济社会创新发展的建议》的议案，表达了对经济社会创新的建议和看法。他呼吁，我们需要持续以"互联网+"为驱动，鼓励产业创新、促进跨界融合、惠及社会民生，推动我国经济和社会的创新发展。马化腾表示，"互联网+"是指利用互联网的平台、信息通信技术把互联网和包括传统行业在内的各行各业结合起来，从而在新领域创造一种新生态。他希望这种生态战略能够被国家采纳，成为国家战略。

2015年7月4日，经李克强总理签批，国务院日前印发《关于积极推进"互联网+"行动的指导意见》（以下简称《指导意见》），这是推动互联网由消费领域向生产领域拓展，加速提升产业发展水平，增强各行业创新能力，构筑经济社会发展新优势和新动能的重要举措。

2015年12月16日，第二届世界互联网大会在浙江乌镇开幕。在举行“互联网+”的论坛上，中国互联网发展基金会联合百度、阿里巴巴、腾讯共同发起倡议，成立“中国‘互联网+’联盟”。

国家发展和改革委员会对“互联网+”的解释为：“互联网+”代表一种新的经济形态，即充分发挥互联网在生产要素配置中的优化和集成作用，将互联网的创新成果深度融合于经济、社会各领域之中，提高实体经济的创新力和生产力，形成更广泛的以互联网为基础设施和实现工具的经济发展新形态。

工业和信息化部认为，全球产业发展进入深度调整、深刻变革的新时期，这对我国加快产业结构调整提出了紧迫要求。从产业形态看，互联网与传统产业加速融合，“互联网+”成为产业发展新常态；从创新模式看，创新载体由单个企业向跨领域多主体的创新网络转变；从生产方面看，新一代信息技术，特别是互联网技术与制造业融合不断深化，智能制造加快发展；从组织形态看，生产小型化、智能化、专业化特征日益突出。

阿里研究院在《“互联网+”研究报告》中指出，“互联网+”是以互联网为主的一整套信息技术（包括移动互联网、云计算、大数据技术等）在经济、社会、生活各部门的扩散、应用过程。互联网作为一种通用技术，和100年前的电力技术、200年前的蒸汽机技术一样，将对人类经济社会产生巨大、深远而广泛的影响。“互联网+”的前提是互联网作为一种基础设施的广泛安装。2015年是互联网进入中国21周年，中国迄今已经有6.5亿网民，5亿智能手机用户。通信网络的进步，互联网、智能手机、智能芯片在企业、人群和物体中的广泛应用，为下一阶段的“互联网+”奠定了坚实的基础。“互联网+”的本质是传统产业的在线化、数据化。网络零售、在线批发、跨境电商、快的打车、淘点点所做的工作都是在努力实现交易的在线化。“互联网+”的内涵与传统意义上的信息化有根本区别，或者说“互联网+”重新定义了信息化。

第二节 “互联网+”的意义何在

阿里研究院院长高红冰认为，“互联网+”实际上是从增量到存量的改革路径，互联网企业融合传统企业、传统企业拥抱互联网，这两支力量融合在一起将创造新的经济行业，并推动社会发展。在具体实施中，“互联网+”比较容易被突破的领域包括：一是行政垄断比较少、市场化程度比较高的领域，如零售业、餐饮业和物流行业等；二是供需发生转换，供大于求的领域，如房地产供求发生反转会加速其互联网化；三是问题较多、老百姓不满意、信息化水平低的行业，如城市交通、医疗领域。而“互联网+”比较难突破的领域是行政垄断壁垒高的行业，如金融服务、能源行业（如成品油零售）、通信业。

腾讯研究院《腾讯“互联网+”系列报告之一：愿景篇》中写道：“互联网+”有四个基本要素。一是技术基础，即“互联网+”是以现代信息通信为支撑的互联网平台；二是实现路径，即互联网平台与传统产业的各种跨界融合；三是表现形式，即各种跨界融合的结果呈现为产品、业务、模式的不断迭代出新；四是“互联网+”的最终形态是由产品、业务、模式构成的，动态的、自我进化的、连接一切的新生态。四个要素形成一个自然的递进关系，体现在技术基础之上，遵循跨界融合的实现路径，融入互联网基因的新产品、新业务、新模式不断演进，最终达到“互联网+”在微观上连接一切、在中观上产业变革、在宏观上经济转型的动态平衡。在实现过程中互联网可分为6个层次。一是终端互联，二是数据交换，三是动态优化，四是效率提升，五是产业变革，最后是社会转型。从本质上来说，互联网及信息要素贯穿于整个产业生态，相应的供应方、需求者及平台管理方式都将改变，而“互联网+”的内涵，就是以信息为载体，将万物互联。“互联网+”的外延，则是万物在各情境之下的所有属性在数据化后，实现实时信息交换，以虚拟信息的无间断交换置换实体经济的效率损耗，从而达到复象系统的最优化运行。简而言之，“互联网+”就是用信息的无间断交换来减少实体经济的冗余，做到所有要素恰到好处地最佳利用。在理想的状态下，“互联网+”会在社会经济体系中逐步应用，自动纠正在经济体系中市场扭曲最严重、效率最低下的部分。应用的结果也正是“互联网+”的愿景，现实生产生活无限接近于其定义的外延，即借助信息交换达至一个“帕累托最优”的世界。

腾讯董事长马化腾在《关于以“互联网+”为驱动，推进我国经济社会创新发展的建议》中指出，由于互联网具有打破信息不对称、降低交易成本、促进专业化分工、优化资源配置以及提升劳动生产率的特点，其为我国经济转型升级提供了重要的途径和发展机遇。为此，我们需要持续以“互联网+”为驱动，鼓励产业创新、促进跨界融合、惠及社会民生，推动我国经济和社会的持续发展与转型升级。互联网正在重塑传统产业，推动信息通信技术与传统产业的全面融合。在广度上，“互联网+”正以信息通信业为基点全面应用于第三产业，形成了如互联网金融、互联网交通、互联网教育等新业态，并正向第一产业和第二产业渗透。在深度上，“互联网+”正在从信息传输逐渐渗透到销售、运营和制造等多个产业链环节，并将互联网进一步延伸，通过物联网把传感器、控制器、机器和人连接在一起，形成人与物、物与物的全面连接，促进产业链的开放融合，将工业时代的规模生产转向满足个性化需求的新型生产模式。

奇虎360董事长周鸿祎认为，“互联网+”就是各行各业和互联网一起发生的一场化学反应。把氢气和氧气混在一起，它们还是两种气体，但是一旦它们产生了化学反应，就能变成水，这就是本质的变化。“互联网+”不是传统行业和互联网的简单结合，而是利用互联网对所有行业的再造，产生新的商业模式。

联想集团总裁杨元庆认为，“互联网+”就是全民互联网和全产业互联网。过去我们关注互联网，仅仅是关注那些互联网企业，关注互联网企业所带来的那些虚拟的产品和服务，而“互联网+”要求未来各行各业都要用互联网来改造和升级。若你不改造自己的话，你就会被改造。

“互联网+”有六大特征：

一是跨界融合。“+”就是跨界，就是变革，就是开放，就是重塑融合。敢于跨界了，创新的基础就更坚实；融合协同了，群体智能才会实现，从研发到产业化的路径才会更垂直。融合本身也指代身份的融合，客户消费转化为投资，伙伴参与创新等，不一而足。

二是创新驱动。中国粗放的资源驱动型增长方式早就难以为继，必须转变到创新驱动发展这条正确的道路上来。这正是互联网的特质，用所谓的互联网思维来求变、自我革命，更能发挥创新的力量。

三是重塑结构。信息革命、全球化、互联网业已打破了原有的社会结构、经济结构、地缘结构、文化结构。权力、议事规则、话语权在不断发生变化，“互联网+社会治理”、虚拟社会治理会是很大的不同。

四是尊重人性。人性的光辉是推动科技进步、经济增长、社会进步、文化繁荣的最根本的力量，互联网的强大力量最根本也来源于对人性的最大限度的尊重、对人体验的敬畏、对人的创造性发挥的重视。例如用户原创内容（UGC）、卷入式营销、分享经济等。

五是开放生态。生态对于“互联网+”，是非常重要的特征，而生态的本身就是开放的。我们推进“互联网+”，其中一个重要的方向就是要把过去制约创新的环节化解掉，把孤岛式创新连接起来，让研发由人性决定的市场驱动，让努力的创业者有机会实现价值。

六是连接一切。连接是有层次的，可连接性是有差异的，连接的价值是相差很大的，但是连接一切是“互联网+”的目标。

第三节 “互联网+农业”的必然性

中国信息经济学会理事长杨培芳认为，美国提出的“工业互联网”，德国提出的“工业4.0”，我国提出的“互联网+”，实际上都是表明互联网已经让传统的生产领域跃跃欲试。只有在新的政策环境和理论指导下，才可能出现更多的平台助力互联网，从商业渗透到物流，再渗透到金融，甚至渗透到制造业和生产领域中。

“互联网+”行动计划将对农业发展产生积极影响，具体表现在解决信息不对称、创新商业模式、优化资源配置、提高农业智能化程度等方面。互联网正与传统农业结合得更加紧密，由互联网技术带动的农业升级、农民生活改善，正在为越来越多的年轻人打开创业的新空间。

一、“互联网+”将为农业发展拓展更为广阔的途径

（一）“互联网+”为农业可持续发展提供新思路

截至2010年年底，我国拥有的涉农网站已达20 000多个。另外，国家“863”计划开展了“智能化农业信息技术应用示范工程”“农业物联网和食品质量安全控制体系研究”等重要研究，还开展了“网络农业”“精细农业”“虚拟农业”等探索研究。在美国、荷兰等发达国家，信息技术在农业上的应用主要包括农业生产经营管理、农业信息获取及处理、农业专家系统、农业系统模拟、农业决策支持系统、农业计算机网络、农业物联网等。随着农业部对农业物联网的重视程度越来越高，各地区也纷纷建立了“农业物联网应用示范工程”和“农业物联网区域试验工程”，积极引导和推动科研教学单位和相关企业投身农业物联网的技术研发和应用示范。农业物联网在大田作物、畜禽水产、资源环境监测、农产品质量安全监管等行业和领域呈现蓬勃发展的态势。

（二）“互联网+”给农产品安全提供新的技术手段

在美国，80%的大农场已普及农业物联网技术，农场主通过高度自动化的大型农业机械设施，3个工人就可以完成1万英亩的土地管理和玉米收割。不仅效率远远超越人力，而且借助物联网对作物环境的调节作用，能让粮食蔬菜在质和量上都有所提升，高产高质。通过互联网创造透明的供应链体系，从食品领域延伸出来的可追溯系统，是解决食品安全和食品信誉问题的有效工具。用互联网技术实现生产过程的全程追溯，再加上质检等权威机构的合作，就可以多方协同创造出真正的透明供应链，让消费

者吃得放心。

（三）"互联网+"给农产品销售带来新突破

互联网的发展催生了电子商务，而电子商务可以拉近生产者和消费者之间的距离，使农产品不再因为地域原因而滞销，电子商务平台可以让生产者的产品直接送达消费者，省去了中间的经销渠道。互联网渠道从根本上改变了生产和销售的关系，更重要的是，营销成本极低，如微博、微信、QQ及SNS等都是免费的销售渠道，任何行业都能够通过互联网直接和消费者建立关系并推销产品。

（四）"互联网+"为农村创业带来新契机

由互联网技术带动的农业升级、农民生活改善，正在为越来越多年轻人打开创业的新空间。大数据的应用，让农场的管理更像一家工厂。"互联网+农业"，打开的不仅仅是这些城里娃的想象空间，越来越多的"农二代"也纷纷选择告别城市回到家乡创业。互联网的普及已成为农村发展的最大契机。

（五）"互联网+"为农产品品牌树立带来新的方法

"决不"食品安全工程发起人王义昌说："'决不'食品标志，作为'互联网+农业''移动互联网+农业'的开拓者和实现工具，不仅要让农产品更酷、更有附加值、卖得更好，更要通过支持消费者直接监督来实现关键的食品安全!"只要用智能手机扫描相应的"决不"食品标志上的二维码，就能立即打开一个页面，关于产品生产的详细信息就会显示出来，甚至可以观看到作物种植的现场环境，这样就会让消费者买得更放心。"三只松鼠"作为一个互联网坚果零食的品牌，成立仅1年，营业额就达到3亿元，仅2013年的“双十一”销售额就达3562万元，是互联网造就了这个奇迹。互联网让品牌的树立变得更加简单，同时也让产品的推广速度更快，使好的产品有好的口碑，让好的产品有好的销路，让好的产品有更高的认知度。

二、从传统农业到现代农业转型的发展趋势

农业正经历着由传统农业向都市农业、智慧农业的转型，现代农业的核心是科学化，特征是商品化，方向是集约化，目标是产业化。它所表现出来的特点是与传统农业相对而言的。

首先，现代农业突破了传统农业主要从事初级农产品原料生产的局限性，实现了种养加、产供销、贸工农一体化生产，并十分重视资源的合理利用和生态环境建设，农业的内涵得到了拓宽和延伸，农业的链条通过延伸更加完整，农业的领域通过拓宽，使得农工商的结合更加紧密。

其次，现代农业突破了传统农业远离城市或城乡界限明显的局限性，实现了城乡经济社会一元化发展，城市发展有赖于农村的支撑，农村发展有赖于城市的支持，城乡统筹进行资源的优势互补，有利于城乡生产要素的合理流动和组合。

再次，现代农业突破了传统农业部门分割、管理交叉、服务落后的局限性，实现了按照市场经济体制和农村生产力发展要求，建立一个全方位、权责一致、上下贯通的农业管理和服务体系。现代农业突破了传统农业封闭低效、自给半自给的局限性，发挥资源优势和区位优势，实现了农产品优势区域布局、农产品贸易国内外流通，有利于资源的开发利用、生态环境的综合治

理、先进科学技术的推广应用、优质农产品标准化生产和现代管理手段的运用。

第四节
“互联网+农业”的广阔前景

农业看起来离互联网最远，但“互联网+农业”的潜力却是巨大的。农业是中国最传统的基础产业，亟须用数字技术提升农业生产效率，通过信息技术对地块的土壤、肥力、气候等进行大数据分析，然后据此提供种植、施肥相关的解决方案，大大提升农业生产效率。此外，农业信息的互联网化将有助于需求市场的对接，互联网时代的新农民不仅可以利用互联网获取先进的技术信息，也可以通过大数据掌握最新的农产品价格走势，从而决定农业生产重点。与此同时，农业电商将推动农业现代化进程，通过互联网交易平台减少农产品买卖的中间环节，增加农民收益。面对万亿元以上的农资市场以及近七亿的农村用户人口，农业电商面临巨大的市场空间。

当前农业产业链系统效率低下，我国的农业现代化程度依然很低，产业链面临“内忧外患”的困境。概括起来看，围绕农业生产，整个农业产业链系统包括农资供应、农业金融、农业生产以及农产品的流通、加工、消费等环节，物质流、资金流以及信息流贯穿其中。当前的系统存在效率低下的问题：信息逐级交互、物资（产品）一级级流动、支付和物资一起一级级流动、信贷服务独立于其他行为。

“互联网+”有助于重塑农业产业链的各个环节。

1. “互联网+”切入农资市场，将从农资生产、流通、营销、服务各方面影响农业生产中的农资供应，进而变革农资生产商和农户之间的关系。

2. “互联网+”将大幅推动“智慧农业”的进程；互联网将通过精确农业、农业物联网、互联网云服务、大数据分析等来实现农业生产技术问题、农业规模化难以推进问题、农产品质量安全问题以及产品价值实现问题等的改造。

3. 农业互联网时代将从空间、时间、成本、安全、个性化五个角度全面改变农产品消费市场，增强农产品消费者的客户体验和客户黏性。

4. 农业龙头企业有着全产业链中最为丰富的信息，借助互联网，可以建立起以农业龙头企业为核心的农业互联网金融平台，为全产业上下游提供金融的投融资、网上支付等服务；农业互联网金融将贯穿于农资销售和购买、农业生产、农产品销售的每个过程。

互联网的广泛应用也将大力推动“智慧农业”的发展。

所谓“智慧农业”就是充分应用现代信息技术成果，集成应用计算机与网络技术、物联网技术、音视频技术、3S技术（遥感技术、地理信息系统、全球定位系统）、无线通信技术及专家智慧与知识，实现农业可视化远程诊断、远程控制、灾变预警等智能管理。

"智慧农业" 是农业生产的高级阶段，是集新兴的互联网、移动互联网、云计算和物联网技术为一体，依托部署在农业生产现场的各种传感节点（环境温/湿度、土壤水分、二氧化碳、图像等传感器）和无线通信网络实现农业生产环境的智能感知、智能预警、智能决策、智能分析、专家在线指导，为农业生产提供精准化种植、可视化管理、智能化决策。

"智慧农业"广泛应用于农业生产环境监控和食品安全、设施农业、农机定位、仓储管理、食品溯源等方面。例如，物联网技术贯穿生产、加工、流通、消费各环节，实现全过程严格控制，使用户可以迅速了解食品的生产环境和过程，为食品供应链提供完全透明的展现，保证向社会提供优质的食品，增强用户对食品安全的信心，并且保障合法经营者的利益，提升可溯源农产品的品牌效应。"智慧农业"能够显著提高农业生产经营效率，还能够彻底转变农业生产者和消费者的观念及农业组织体系结构。专家系统和信息化终端成为农业生产者的大脑，指导农业生产经营，改变了单纯依靠经验进行农业生产经营的模式。

2015年初，中央"一号文件"再次锁定"三农"，把农业现代化作为"三农"工作的重要着力点，提出要"强化农业科技创新驱动作用"，在"智能农业"领域取得突破。

农业物联网技术在农业生产方面的具体应用十分广泛，在什么时候施肥、要施多少肥料、选用哪种肥料更合适，以及播种、灌溉、除草、防治病虫害、收获等农业环节的确定，都可依靠农业物联网技术实现，不劳累而且精确度高。农业大田种植是遥感技术的主要应用。我国是农业大国，提高农业管理水平、合理利用资源及确保粮食安全生产均需要遥感技术为政府决策部门提供准确信息。遥感技术可应用于农作物实际播种面积的遥感监测与估算、农作物的长势和产量的遥感监测与估算等方面。

第二章

新农人与“互联网+农业”

第一节
新农人的概念设计

一、新型职业农民

2012年8月农业部办公厅印发《新型职业农民培育试点工作方案》，新型职业农民的概念频繁出现。新型职业农民是指具有科学文化素质、掌握现代农业生产技能、具备一定经营管理能力，以农业生产、经营或服务作为主要职业，以农业收入作为主要生活来源，居住在农村或集镇的农业从业人员。随着农村劳动力大量向第二、第三产业转移以及新生代农民工对土地的“陌生”，留守农业人群呈现出总量相对不足、整体素质偏低、结构不尽合理等问题。

按照设想，新型职业农民将以从事农业作为固定乃至终身职业，是农业继承人。培育新型职业农民是希望解决“谁来种地”的现实难题和“怎样种地”的深层问题。大体分为三类：

1. 生产型职业农民是掌握一定的农业生产技术，有较丰富的农业生产经验，直接从事园艺、鲜活食品、经济作物、创汇农业等附加值较高的农业生产的群体。

2. 服务型职业农民是掌握一定农业服务技能，并服务于农业产前、产中和产后的群体。

3. 经营型职业农民是有资金或技术，掌握农业生产技术，有较强的农业生产经营管理经验，主要从事农业生产的经营管理工作的群体。

新型职业农民是对传统农民技能的提升，并以农业生产、经营或服务作为主要职业。自农业部办公厅印发《新型职业农民培育试点工作方案》以来，各地积极开展新型职业农民培育试点工作，培育新型职业农民有助于推进城乡资源要素平等交换与合理配置。推进城乡发展一体化，首要的是劳动力统筹，在让一批农村劳动力尽快真正融入城市的同时，必须提高农业、农村的吸引力，让一部分高素质劳动力留在农村务农。加快建设现代农业，要求全面提高劳动者素质，切实转变农业发展方式。新型农业经营主体培育的重点是农民、农户，国家政策支持的重点是新型职业农民。

培育新型职业农民就是培育现代农业的现实和未来。随着传统小农生产加快向社会化大生产转变，现代农业对能够掌握应用现代农业科技、能够操作使用现代农业物质装备的新型职业农民需求更加迫切。随着较大规模生产的种养大户和家庭农场逐渐增多，农业生产加快向产前、产后延伸，分工分业成为发展趋势，具有先进耕作技术和经营管理技术，拥有较强市场经营能力，善于学习先进科学文化知识的新型职业农民成为发展现代农业的现实需求。

培育新型职业农民就是培育新型经营体系的核心主体。今后中国农业的从业主体，从组织形态看就是龙头企业、家庭农场、合作社等，从个体形态看就是新型职业农民。因此，培育新型职业农民就是培育各类新型经营主体的基本构成单元和细胞，对于加快构建集约化、专业化、组织化、社会化相结合的新型农业经营体系，将发挥重要的主体性、基础性作用。

同时，从“三农”政策实施来看，要通过政策向真正从事农业生产经营的新型职业农民“倾斜”，充分调动农民从事农业和粮食生产的积极性，确保“三农”政策的实施效率和效果。

二、新农人

“新农业”和“新农人”近来常被提及，且经常同时出现，但这两个词并不是并列的，新农业是相对于传统农业的大概念，有别于传统农业的积极向上的农业形式均可称之为新农业；新农人是新农业的重要组成部分，相比新农企而言，新农人大多出身草根，但他们更代表新农业的未来。

新农人一词尚没有形成社会学或经济学有准确定义的名词，多出现在一些生态农业和“互联网+农业”的新闻报道之中。

2015年2月7日，阿里巴巴集团所属的阿里研究院整理了一份《中国新农人研究报告（2014）》，并进行了一定的调查和分析。

新农人的定义有狭义和广义之分。狭义的新农人，指的是以互联网为工具，从事农业生产、流通、服务的人，其核心是“农业+互联网”。广义的新农人，指的是具备互联网思维，服务于“三农”领域的人，其核心是“三农+互联网”。这里指的服务，不仅包含生产经营相关服务，也包括监管服务、研究服务等。新农人的出现，是信息时代农民群体演进的结果。同传统农民、新型职业农民相比，新农人具有更鲜明的个性特征，群体先进性也更加显著。

狭义的新农人其构成包括三个部分：

1. 新农业生产者：包括在线个体农户、农业合作社、农产品生产企业等；

2. 新农业流通者：包括在线批发商、零售商、经纪人等；

3. 新农业服务商：包括综合服务商、物流服务商、代运营服务商、农业生产资料经营者等。

广义的新农人，除了狭义的构成部分之外，还包括以下三个群体：

1. 农村网商：农村地区从事非农业产品生产经营的网商；

2. 农村服务商：农村地区从事非农业产品生产经营的服务商，包括综合服务商、物流服务商、代运营服务商等；

3. 服务于新三农的监管者与研究者。

实际上目前流行的新农人并不是指传统农民提升后的新称谓，而是以互联网为主要手段从事与农业有关各领域的人士，当然这一概念的定义还需要更为权威的界定。

第二节 新农人的经营模式

第一个模式是个人与个人之间的电子商务（以下简称“C2C”）。C2C是英文Customer（Consumer）to Customer（Consumer）的缩写。由个人运营，经营方式主要是在淘宝网或者微信平台开设网店，在下单后利用快递、平邮、EMS等物流方式将货物送抵客人手中。全程所有的交易内容都在线上完成，包括下单、付款、确认签收和评价交易。开设网店和完成交易本身并不是一个困难的过程，但是如何带来交易、带来客流量就需要店主懂得网络营销、网店运营等各方面的知识；当然淘宝网这些平台本身也会定期发布像“双十一”“双十二”等活动。

第二个模式是企业对个人的电子商务（以下简称“B2C”），B2C是英文Business to Customer的缩写。农产品最后要卖到消费者手上，如果每个农民都运营自己的网店，运营、营销成本都非常大；就像现在的淘宝网排名前列的网店，有哪个不是靠一个团队支撑起来的？要想淘宝网店的流量大，顾客多，首先要自己的产品过硬，种类也要多。在大家卖的商品品类、质量都相差不多的背景下，几乎没有可能可以做到一家独大。

如果有一个中间商，比如每个镇上有一个农产品的收购商开设网店，收集农民的产品在网上卖，这样的话，网店的规模变大、种类增多，销售起来的体量也会大。网店其实起到的是一个代理的角色，相当于一个公社，由专业人士管理。其有两种模式，一种是一次性向农民们收购相当数量的菜然后售卖，这样网店赚的是其中的差价，相当于一个网上菜场；另一种是农民入股，联合雇人管理，由网店管理订单，收到订单后，将订单分配给指定农民。这种模式听起来简单，但是在实际操作层面上一定会有很多细节的问题，比如说中间商如何确保订单的分配公平性，如何确保供货量和库存的合理性，以及如何确保各家菜品的质量都相似。

之前在调查中提到的京东、天猫这些网上B2C超市，有一些加盟店，在这个模式中，镇上的“农民工社”达到一定体量后也可以选择加盟这些网络平台。

第三个模式是消费者对企业的电子商务（以下简称“C2B”）。C2B是英文Customer（Consumer） to Business的缩写，意思是农民在种菜之前就接受订单。这就像现在的有机农场有一种模式，将多少平方米的地租给顾客，农场帮助打理一样；农民也可以在网上卖土地的使用权，由顾客指定在规定时间内需要种多少。我认为这种模式非常值得探讨，卖点也非常多，比如农民最基本的可以提供种菜、种花服务，至于怎么种菜，顾客可以选择用进口的还是国产的种子、用有机肥还是化肥、是否喷洒农药，等等，价格也不一样。实际上农民就从传统的农业生意变成了一项服务业生意，农民出售的是种菜、咨询、养殖、培育等服务。

对于这种新模式，其实可以运用大量的互联网技术进行辅助，比如顾客可以安装摄像头，通过网络实时监控菜地情况，目前已有手机上的APP，利用视频压缩和传输的技术做到将摄像头画面实时传播到手机上，让用户可以24小时查看菜地情况；可以通过微信，和农民一对一交流；可以让农民采样土壤，每周将数据分析传送给用户，让用户了解到客观、真实的数据；同时这种将大数据技术运用到农业生产中也是非常值得研究的课题，比如农民或者顾客可以通过分析这一年的数据得出明年的耕种策略，根据土壤中营养元素的含量比例决定应该增加什么样的肥料，根据肥力大小决定收获的轮数等。

第四个模式是顾客通过企业电子商务平台，实现顾客与企业之间、顾客与顾客之间的信息交流的电子商务模式（以下简称

“C2B2C”）。C2B2C是英文Customer to Business to Customer的缩写。C2B2C的内涵是由有共同消费需求的顾客，通过电子商务平台互相交流想法和感受而形成各种主题式消费者群体并反馈给企业，企业再根据这些群体的消费需求，销售他们满意的产品。例如女性快时尚电商美丽说在2015年上半年推出“美丽制造”柔性供应链体系，就是一个C2B2C模式。从拉动用户需求出发，经过大数据销售预测，实现真正意义上的小批量灵活生产。对商家而言，最大限度降低了其库存风险，也给其创造出更多空间实现快速上新和品牌运营。在该体系中，C2B反向定制是典型的互联网方式革新传统时尚产业，从用户需求出发，充分调动互联网大数据资源，实现用户的时尚新款需求精准定位。美丽说计划将建立一整套从商家货品入仓、专业标准质检、统一包装发货到收集用户体验的控货B2C平台策略，加上挖掘用户需求的C2B反向定制，形成C2B2C全新时尚电商模式。

在农产品领域土特产的营销中，C2B2C模式产生了一定作用。例如佳友国际、亿农公司等，通过组织专业合作社，采用线下线上相结合的C2B2C全新商业模式，依托连锁加盟的品牌优势，应用资本整合一些老区种植、养殖、加工等环节，逐步采用统一标准，实现生产的集约化、规模化，使名优土特产加工实现商品化和规范化，更适合电子商务。

第五个模式是线上交易、线下服务模式（以下简称“O2O”），即Online to Offline。O2O的核心是网络技术，实际上做的是计算机技术的生意，农民扮演的角色只能说是供货商。所谓线上线下相结合，就是在互联网上进行操作，在线下得到服务。以外卖行业为例，以前叫外卖就是拿到外卖单打电话过去下单，这也可以成功叫到外卖；但是现在的外卖APP，把打电话这个步骤变成了手机上APP操作，辅以大量的优惠活动，但是本质还是不变的，依旧是下楼拿外卖。就像“青青农场”这样，有一个独立的品牌和许多产品，于是开发出手机APP、微信应用等互联网产品，以前买菜要去菜场买，现在只要在手机上操作，就有菜送到指定取菜点。

当然，并不是只有百度、美团、大众点评这些大企业做的才能算O2O，小企业，甚至几个人一起合伙建立的组织也是可以做O2O的。O2O的核心是网络技术，这里指的技术和淘宝的网店交易不同：淘宝的交易都是程式化的，就是下单—发货—完成，这种简单的操作实际上不需要任何计算机知识，一般的人都会，但由于功能都是固定好的，你没法实现你想要而淘宝没有的功能；而O2O运用的技术则需要互联网工程师，通俗来说就是程序员来完成。

针对网络技术这一块，一般有三种技术可以实现。

第一种是自己建立一个网站，顾客在网站上注册账号成为会员，然后在网站上完成一系列操作。比如必胜客外卖，最开始就是通过网站技术，让用户在上面一步步完成点单，填写地址和付款的。但是在网站上的操作限定了平台只能是使用台式电脑，这在今天这个以手机为主的移动互联网时代已经有点势力渐微了。所以将操作集中到手机平台才是正确的方向。

第二种是利用已知的平台，比如微信。微信本身就是一个成熟的产品，也累积了全国大部分的用户。而微信公众平台就是一个成熟的技术平台，农民可以请计算机技术人员开发一套微信公众号系统，在这个系统中设计自己想要的功能，比如农场的订菜系统。之前在调查中提到的“微店”，实际上也是一种公众账号，但是微店做的事情其实就是把淘宝网的店铺搬到了微信上面，用户在微信里面打开了一个链接，然后还是做下单—发货—完成的事情；可是如果自己设计公众号，就不必死板地遵循这个业务逻辑，可以想怎么设计就怎么设计，只要最后能通过代码实现出来。

第三种就是觉得利用已知平台也满足不了自己的需求了，觉得自己的要求在微信中实现不了了，那么还是请专业的程序团队，自己开发手机上的应用程序，即自己写APP，这是自由度最高的选择，真正实现想怎么做就怎么做。

解决了网络技术这个难题后，还需要考虑的是如何物流。所谓O2O就是线上到线下，怎样在线上和线下搭建桥梁是要解决的另一大难题。比如送外卖，这个桥梁就是外卖送餐员，将你在外卖APP上点好的订单，和最后送到你手上的外卖连接起来。再比如滴滴打车，这个桥梁就是司机，将你在打车APP上完成的叫车订单，和最后把你送到目的地的服务连接起来。再比如，现在有一种店，开给都市上班族，为他们搭配好需要吃的菜，包装成一个个半成品盒子，让他们回家炒一下就能吃了。那这家公司就在各个地铁站上面开设实体店，这些实体店就是桥梁，将用户在APP上点的菜，和最后用户拿到手上的半成品拼盘连接起来。

对应到农业中，还是以“青青农场”为例，讨论“青青农场”是如何实现O2O的。假设“青青农场”的微信公众号已经有了订菜功能。这里的订菜功能像如下的“四季分享农场”一样，有一个自己设计的买菜界面，在公众号底下菜单栏中有个“会员订菜”按钮，一点就可以选择订的菜；现在“青青农场”的订菜方式还是太麻烦，要进入微店、微订平台，没有这个独立设计的便捷。假设已经有了自己的订菜功能，会员在上面点击好要选的菜，这样就完成了线上部分。然后“青青农场”根据该区域的订货量，送到该区域的取菜点，这样就完成了桥梁的工作；最后顾客在取菜点取到菜，这就是线下的部分。

总结一下，O2O相比其他几种模式，它的核心是互联网技术，重点问题是如何连接线上和线下。技术核心需要由专业的团队完成，而且如果涉及网络营销，则技术难度会大大上涨，比如现在外卖APP中买一次外卖送优惠红包这些营销活动，都是要靠专业的互联网技术实现的。小团队也可以做O2O，但是实现的业务逻辑就相对简单，做起来容易，做大非常难。要维护一个十万用户的产品比维护一个一万用户的产品的技术难度可能不只是10倍。

第三节
新农人为现代农业发展注入活力

中国农业正在从传统农业走向现代农业，“三农”格局正在发生积极的变革，各种社会力量和社会资本踊跃进军“三农”领域。在此背景下，诞生了一批对“三农”事业有热情、有理想的新农人，他们为传统农业转型注入了新的元素和能量，成为引领新农民、发展新农村、托起新农业的一支新的生力军。

除了运用互联网工具和互联网思维以外的新农人，运用其他崭新理念、思维方式和产销模式，带着创业梦想上路、追寻新的人生价值，志在创新农业、改变农民、改造农村的各类人士，都应纳入新农人群体之列。

这是一群行走在中国土地上的追梦人和创业者；这是中国当代乡村建设新一波的推动者和引领者，这是传统农民和新型职业农民的颠覆者和升级版。他们来源广泛，不少人跨界而来，包括返乡创业大学生、城市白领、大学生村干部、网商、科研技术人员、非政府组织（NGO）及其他各界人士。

按照维基百科定义，传统农民指的是以农业为职业的人，包括以种植业、畜牧养殖业、林业等自然经济产业为职业的人。自给自足是其主要的经济活动模式，日出而作、日落而息是其主要的生产生活方式，家庭制是其主要的生产组织形式。

2012年中央“一号文件”正式提出要培养新型职业农民，新型职业农民指的是具有科学文化素质、掌握现代农业生产技能、具备一定经营管理能力，以农业收入作为主要生活来源，居住在农村或集镇的农业从业人员。

相对于新型职业农民，新农人是一种突破。在这个全新时代，“农人”一词被赋予全新的概念和意义。新型职业农民强调的是对现代农业生产技能的掌握，这是其核心特征。而新农人到底有哪些核心特征或者核心基因呢？目前正在热议，众说纷纭，尚无定论。新农人联盟发起人“野地里的辛巴”总结出新农人的四大核心价值观：新跨界、新思维、新技术、新流通。阿里研究院分析认为，新农人存在四大共性特征：互联网基因、创新基因、文化基因、群体基因。

中国社科院信息化研究中心主任汪向东分析，新农人有可能成为继20世纪50年代军垦转业、屯垦戍边，“文革”后期知青上山下乡后农业人口结构变化的“第三次浪潮”，但是又不同于前两次。因为无论是军垦转业，还是知青上山下乡，都不是自己的选择，而是组织安排的。但如今的新农人不同，他们以农为业是自己的选择。他们有一种对农业新市场发掘的追求，即开拓所谓的“蓝海市场”。

具有互联网思维的新农人，得益于互联网的开放和渗透。新媒体已经成为新农人生活中密不可分的重要媒介，农业圈的圈子文化在逐渐向产业外扩散。正是由于互联网的赋能，新农人具备了直接对接市场的能力，从而改变了以前农民信息能力薄弱的状况，从产业链的末端开始走向前台。以淘宝网等为代表的第三方电子商务平台和以微博、微信为代表的新媒体社交平台，都成为新农人的主要经营平台和重要互联网阵地。

2013年以来，北京、上海、深圳、杭州、成都、长沙等地纷纷组织新农人的线下聚会，一些专家学者、政府官员及新农人代表四处为新农人奔走呼吁，全国各地的80后甚至90后农业从业者，都称呼自己为新农人。

以分享、抱团为特征的自组织性，是网商群体的独特特征，也是新农人的重要基因之一。阿里研究院指出，新农人和热心新农人事业的各界人士通过自组织，已经搭建起一些旨在为新农人提供交流互助、资源对接的平台，如新农人联盟、新农人联合会、农禾之家等。

基于这些平台，新农人在价值链的不同环节之间的协作不断深化，不同新农人在生产、销售、营销、服务等不同环节具有各自的优势，通过自组织的平台，新农人可以找到广泛的合作伙伴，把握住更多新的商业机会，从而使得整个价值网络获得多赢。

第三章

农产品电子商务的发展潜力

第一节
农产品的基本概念和特点

农产品的定义有多种说法，《中国大百科全书·农业卷》将农产品解释为：广义的农产品包括农作物、畜产品、水产品和林产品；狭义的农产品则仅指农作物和畜产品。《经济大辞典·农业经济卷》将“初级产品”定义为：初级产业产出的未加工或只经初加工的农、林、牧、渔、矿等产品。其中，有的直接用于消费，有的用作制造其他产品的原料。初级产品有的是未经加工的原始形态的产品，有的是经过初步加工的产品。《农产品质量安全法》中所称的农产品，是指来源于农业的初级产品，即在农业活动中获得的植物、动物、微生物及其产品。这里讲的“农业活动”，既包括传统的种植、养殖、采摘、捕捞等农业活动，也包括设施农业、生物工程等现代农业活动。“植物、动物、微生物及其产品”，是广义的农产品概念，包括在农业活动中直接获得的未经加工的以及经过分拣、去皮、剥壳、粉碎、清洗、切割、冷冻、打蜡、分级、包装等粗加工，但未改变其基本自然性状和化学性质的初加工产品，区别于经过加工已基本不能辨认其原有形态的“食品”或“产品”。

国家规定初级农产品是指种植业、畜牧业、渔业产品，不包括经过加工的各类产品。包括：

1. 烟叶。是指各种烟草的叶片经过加工制成的产品，因加工方法不同，又分为晒烟叶、晾烟叶和烤烟叶。

晒烟叶是指利用太阳能露天晒制的烟叶；晾烟叶是指在晾房内自然干燥而成的烟叶；烤烟叶（复烤烟叶除外）是指在烤房内烘烤成的烟叶。

2. 毛茶。是指从茶树上采摘下来的鲜叶和嫩芽（即茶青），经吹干、揉拌、发酵、烘干等工序初制的茶。

3. 食用菌。是指自然生长和人工培植的食用菌，包括鲜货、干货以及农业生产者利用自己种植、采摘的产品连续进行简单保鲜、烘干、包装的鲜货和干货。

4. 瓜、果、蔬菜。是指自然生长和人工培植的瓜、果、蔬菜，包括农业生产者利用自己种植、采摘的产品连续进行简单加工的瓜、果干品和腌渍品（以瓜、果、蔬菜为原料的蜜饯除外）。

5. 花卉、苗木。是指自然生长和人工培植并保持天然生长状态的花卉、苗木。

6. 药材。是指自然生长和人工培植的药材，不包括中药材或中成药生产企业经切、炒、烘、焙、熏、蒸、包装等工序处理的加工品。

7. 粮油作物。是指小麦、稻谷（含粳谷、籼谷、元谷）、大豆、杂粮（含玉米、绿豆、赤豆、蚕豆、豌豆、荞麦、大麦、元麦、燕麦、高粱、小米、米仁）、鲜山芋、山芋干、花生果、花生仁、芝麻、菜籽、棉籽、葵花籽、蓖麻籽、棕榈籽或其他籽。

8. 牲畜、禽、兽、昆虫、爬虫、两栖动物类：

（1）牛、猪、羊等动物的生皮；

（2）牲畜、禽、兽毛，是指未经加工整理的动物毛和羽毛；

（3）活禽、活畜、活虫、两栖动物，如生猪、菜牛、菜羊、牛蛙等；

（4）光禽和鲜蛋，光禽是指农业生产者利用自身养殖的活禽宰杀、褪毛后未经分割的光禽；

（5）动物自身或附属产生的产品，如蚕茧、燕窝、鹿茸、牛黄、蜂乳、麝香、蛇毒、鲜奶等；

（6）除上述动物以外的其他陆生动物。

9. 水产品：

（1）淡水产品为淡水产动物和植物的统称；

（2）海水产品为海水产动物和植物的统称；

（3）滩涂养殖产品，是指利用滩涂养殖的各类动物和植物。

水产品类包括农业生产者捕捞收获后连续进行简单冷冻、腌制和自然干制品。

10. 林业产品：

（1）原木，是指将伐倒的乔木去其枝杈、梢头或削皮后，按照规定的标准锯成的不同长度的木段；

（2）原竹，是指将竹砍倒后，削去枝、梢、叶后的竹段；

（3）原木、原竹下脚料，是指原木、原竹砍伐后的树皮、树根、枝杈、灌木条、梢、叶等；

（4）生漆、天然树脂，生漆是漆树的分泌物，包括从野生漆树上收集的大木漆和从种植的漆树上收集的小木漆，天然树脂是指木本科植物的分泌物，包括松脂、虫胶、阿拉伯胶、古巴胶、黄芪树胶、丹麦胶、天然橡胶等；

（5）除上述以外的其他林业副产品。

11. 其他植物：

（1）棉花，是指未经加工整理的皮棉、棉短绒、籽棉；

（2）麻，是指未经加工整理的生麻、宁麻；

（3）柳条、席草、蔺草；

（4）其他植物。

12. 上述第1条至第11条所列农产品应包括种子、种苗、树苗、竹秧、种畜、种禽、种蛋、水产品的苗或种（秧）、食用菌的菌种、花籽等。

第二节 传统农业向电子商务转型的必然性

在传统的经济理论中，农产品市场的买卖双方是在完全信息条件下进行交易的，即价格是由供求双方的总体水平共同决定的。但在现实的市场经济条件下，农民对现实中的农产品信息难以完全了解，使得现实经济生活中的信息不对称成为主导，在农产品交易过程中，农民极度缺乏市场信息，增加了农民在农产品交易过程中的风险和不确定性。

由于我国的基本国情和长期以来受计划经济的影响，违背经济规律和市场规律的事时有发生，以及交通、通信等其他因素的影响，农民难以及时、准确、可靠地得到市场信息，导致大量农产品流通不畅，影响了农业发展。

农业电子商务对农民生产生活有直接的提升作用：

1. 可以降低生产成本。农民在购买生产资料或出售农产品之前，可以通过网络进行价格比对，选择最合适的交易者。同时农业电子商务可以帮助生产者及时获得管理信息、生产技术。生产者和经营者可以在网上签订种子、化肥及产品的供销合同，农民还可以在网上通过集体采购、招标等手段来降低生产成本。

通过互联网可以获得市场技术、气象预报、法律法规、虫害预警等信息，这些信息都有助于降低生产成本和生产风险。同时，交易双方信息可以共享，减少中间环节由于信息不对称而带来的损失。农业生产和养殖业中农药、化肥、薄膜、饲料等生产资料在总成本中的比率非常高，它们的价格和质量对于农产品收益有重要影响。电子商务能帮助农民有效组织规模购买，掌握买前议价权，享受数量折扣。同时通过电子商务，农户能够更多地了解农产品生产资料的质量，辨别真假，减少受骗上当的可能性。再次，电子商务可以减少交易成本。据统计，在传统商务模式下，商品从订货到售出的过程中费用占企业成本的18%~20%，而利用电子商务优化供应链后，该费用比例降低到10%~12%。最后，电子商务可以节省销售成本。使用因特网做广告，其成本要比传统广告媒体节省90%。利用网络向全球发布本地农产品资源信息，宣传、推介本地丰富的优质农产品。同时将本地区农产品推行标准化生产，创建网上农产品超市。

2. 推进新农村的建设。由于农民对农产品市场行情和需求情况了解较少，存在明显的信息不对称和滞后效应，从而增加了他们在农产品交易过程中的风险和不确定性，不能享受到农产品增值带来的好处，农业增产不增收的事常有发生。我国农业的分散经营给农业技术支持和辅导工作带来很大的难度，而缺乏技术支持和服务的农业生产，往往消耗大量的生产资料，且质量不高，收益很少。因为不能及时获取农业灾害的预警信息而无法提前采取防范措施，往往遭受惨重损失。灾后不能及时采取补救措施，损失更不能得到有效弥补。利用电子商务辅之以技术人员的指导，有可能建立相应的技术服务网络体系，以快捷、有效的方式对农户进行技术支持，提高农户对农用技术的掌握和运用程度，使农业生产得到全过程的监控和指导，提高科技在农业生产中的作用。电子商务还能给农村文化输入新鲜血液，带来创新的元素，开拓农民视野，缩小农村和城市的文化消费差距，这些都有助于新农村建设的实现。

3. 促进农村剩余劳动力高效就业。农村劳动力供给存在不连续性的特征，尤其是近几年农产品价格上涨，很多农民回到农村重新从事农业生产，但是难以实现劳动力的规模供给，电子商务将有利于农村劳动力供求信息的及时反映，进而为农村劳动力的有序流动创造条件，从而增加农村劳动力的就业机会，实现高效就业。进城务工后的收入回流农村，又将促进农业生产。

电子商务目前已经成为国际及国内商品交易的主要手段，随着各地区网络的不断普及和深化，电子商务产生的贸易量正以迅猛的态势壮大，必将成为今后国际、国内贸易的新引擎。社会主义新农村建设同样离不开电子商务的应用。发展农产品电子商务具有全局性、战略性和前瞻性，与国家发展社会主义新农村的战略一致。电子商务作为现阶段最先进的交易方式，它的存在对于农村经济的发展有着强大的推动力。

电子商务还解决了我国农业中的小农户与大市场的矛盾。单户农民不能及时了解市场信息，造成农产品不适应市场需求。分散的独立生产者所生产的大宗农产品要汇集到城市中去，分销给众多的消费者，需要一套有组织的完善的销售网络体系，但农户家庭作为农业生产经营的基本组织单元，并不能支撑起日益庞大的农副产品市场的发展，单个用户和市场之间缺乏有效的连接机制，即中介缺失而非市场缺失。农产品电子商务的出现就能很好地解决这方面的问题，将小农户与大市场紧密地联系在一起。农村最困难的就是“卖”，经常看到各地种植苹果、核桃等的农民生产出农产品，但是由于信息不对称，生产的农产品销售不出去，这就给农民造成了严重的损失。而通过电子商务，农民可以在网上公开出售自己的农产品，进而使更多的采购商可以从网上获得农产品的信息，采购商和农民可以在网上进行讨价还价，在网上进行交易。

随着时间的推移，电子商务也将给农村带来革命性的变革。

绝大多数农民从事农业生产，往往并不是以市场需求为导向，而更多的是一种习惯性生产行为，造成需求与供给之间的矛盾，给农业生产带来了极大的风险。农业电子商务的应用，在于能够让农业生产者准确、实时了解市场动态信息，了解市场需求状况，合理组织生产，以避免因产量和价格的巨大波动带来的效益不稳定，降低农业生产风险。传统农产品供应链较长，从农业生产者到消费者环节较多，导致农产品在储运、加工和销售中的成本过高。电子商务将农产品直接推向市场，拓展了传统交易方式的同时简化了供应链，降低了农产品交易成本。

受时空的限制，农产品的销售渠道比较单一，一般销往本地，或者等待上门采购。对于农业生产而言，电子商务突破了时空的限制，降低了交易信息的不对称程度，使交易主体多元化，拓宽了农产品的销售渠道。销售渠道的多元化，提升了农产品价格，增加了农民收入。电子商务不仅提升了农民收益，更重要的是，农业电子商务将对推动农业、农村现代化进程，进而减少城乡差距，增进社会稳定等相关方面起到重要作用。

第三节 农产品电子商务的概念设计

所谓农产品电子商务，是指围绕农村的农产品生产、经营而开展的一系列电子化的交易和管理活动，包括农业生产的管理、农产品的网络营销、电子支付、物流管理以及客户关系管理等。它是以信息技术和网络系统为支撑，对农产品从生产地到置于顾客手上进行全方位管理的过程。

一、农业电子商务的定义

农业电子商务是指利用互联网、计算机、多媒体等现代信息技术，为从事涉农领域的生产经营主体提供在网上完成产品或服务的销售、购买和电子支付等业务交易的过程。农业电子商务是一种全新的商务活动模式，它充分利用互联网的易用性、广域性和互通性，实现了快速可靠的网络化商务信息交流和业务交易。

农业电子商务同样应以农业网站平台为主要载体，为农业电子商务提供服务，或直接服务、完成、实现电子商务，或直接经营商务业务。农业电子商务是一个涉及社会方方面面的系统工程，包括政府、企业、商家、消费者、农民以及认证中心、配送中心、物流中心、金融机构、监管机构等，通过网络将相关要素组织在一起，其中信息技术扮演着极其重要的基础性的角色。在传统社会经济活动过程中，一直存在两类经济活动形式：一类是企业之间的经济活动，一类是企业和消费者之间的经济活动。从经济活动来说，无论是企业之间，还是企业与个人之间，只存在两种经济活动内容：一种是提供产品，一种是提供服务。

中国市场情报中心（CMIC）最新发布：在我国，电子商务概念先于电子商务应用与发展，网络和电子商务技术需求不断拉动企业的商务需求，进而引致我国电子商务的应用与发展。了解这一不同点是很重要的，这是我国电子商务发展的一大特点，也是理解我国电子商务应用与发展的一把钥匙。电子商务日益广泛的应用显著地拉动第三产业的发展，创造了大量的就业和创业机会，并在促进中小企业融资模式创新、推进企业转型、建立新型企业信用评价体系等方面发挥了积极的作用。

电子商务具有更广阔的环境：人们不受时间的限制，不受空间的限制，不受传统购物的诸多限制，可以随时随地在网上交易。在网上这个世界将会变得很小，一个商家可以面对全球的消费者，而一个消费者可以在全球的任何一个商家购物。使用电子商务能够实现更快速的流通和低廉的价格，电子商务减少了商品流通的中间环节，从而也大大降低了商品流通和交易的成本，节省了大量的开支。

二、农村移动电子商务的定义

农村移动电子商务是指在建立农村移动电子商务平台的基础上，通过手机终端和“农信通”电子商务终端，建立起覆盖县城的大型连锁超市、乡镇规模店、村级农家店的现代农村流通市场新体系，推进工业品进村、农产品进城、门店资金归集三大应用，实现信息流的有效传递、物流的高效运作、资金流的快捷结算，促进农村经济发展。以农产品进城为例，之前农产品的买方与卖方缺少信息沟通与交易的第三方中介，信息沟通与农产品交易不畅，推广农村移动电子商务后，农产品生产方（农户）与农产品购买方（城区超市）将建立起信息交换新模式，城区超市配送中心通过“农信通” 电子商务终端向农村门店发出农产品收购需求，农村门店将信息发送到种养、购销大户的手机上，确认采购意向后，再与城区超市配送中心确认订单，种养大户将相应农产品供应至农家店，城区超市配送中心在配送工业品的同时收购农产品返回城市。

通过网络平台嫁接各种服务于农村的资源，拓展农村信息服务业务、服务领域，使之兼而成为遍布乡、镇、村的“三农”信息服务站。作为农产品电子商务平台的实体终端直接扎根于农村服务“三农”，真正使“三农”服务落地，使农民成为平台的最大受益者。

农产品电子商务平台配合密集的乡村连锁网点，以数字化、信息化的手段，通过集约化管理、市场化运作、成体系的跨区域跨行业联合，构筑紧凑而有序的商业联合体，降低农村商业成本、扩大农村商业领域，使农民成为平台的最大获利者，使商家获得新的利润增长点。

农产品电子商务服务包含网上农贸市场、特色旅游、特色经济、数字农家乐和招商引资等内容。一是网上农贸市场。迅速传递农、林、渔、牧业供求信息，帮助外商出入属地市场和帮助属地农民开拓国内市场、走向国际市场。进行农产品市场行情和动态快递、商业机会撮合、产品信息发布等内容。二是特色旅游。依托当地旅游资源，通过宣传推介来扩大对外知名度和影响力，从而全方位介绍属地旅游线路和旅游特色产品及企业等信息，发展属地旅游经济。三是特色经济。通过宣传、介绍各个地区的特色经济、特色产业和相关的名优企业、产品等，扩大产品销售通路，加快地区特色经济、名优企业的迅猛发展。四是数字农家乐。为属地的农家乐（有地方风情的各种餐饮娱乐设施或单元）提供网上展示和宣传的渠道。通过运用地理信息系统技术，制作全市农家乐分布情况的电子地图，同时采集农家乐基本信息，使其美景、饮食、娱乐等各方面的特色尽在其中，一目了然。既方便城市百姓的出行，又让农家乐获得广泛的客源，实现城市与农村的互动，促进当地农民增收。五是招商引资。搭建各级政府部门招商引资平台，介绍政府规划发展的开发区、生产基地、投资环境和招商信息，更好地吸引投资者到各地区进行投资、生产经营活动。

第四节 农产品电子商务的作用和影响

各级政府对于农产品电子商务越来越重视。2012年年底，商务部发布《关于加快推进鲜活农产品流通创新的指导意见》，提出要鼓励利用互联网、物联网等现代信息技术，发展线上线下相结合的鲜活农产品网上批发和网上零售；2013年5月，汪洋副总理向农业部和商务部指示，要“把握农产品电子商务制高点”；2014年1月，中共中央、国务院印发《关于全面深化农村改革加快推进农业现代化的若干意见》，提出要启动农村流通设施和农产品批发市场信息化提升工程，加强农产品电子商务平台建设。除了中央层面政策上的关注，各个省份也出台了多部地方政策来助力当地农产品电子商务的发展。

一、农产品电子商务改变传统的农业贸易方式

加入世贸后，农产品市场遇到前所未有的机遇和挑战，全球

化的市场正逐渐形成。农产品市场正面临越来越沉重的国内外同行竞争的压力。因此，农民对农产品信息的了解、交流提出了更高的要求。

农产品电子商务是建设社会主义新农村、开拓市场和参与全球竞争的必要手段。传统的“一手交钱，一手交货”的贸易模式将被打破。农民通过农产品电子商务能够十分便捷、快速地完成信贷、担保、交易、支付、结汇等环节，可以更贴近市场，提高生产的敏捷性和适应性；可以迅速了解消费者的偏好、购买习惯及要求；可以将消费者的需求及时反映出来，从而促进供需双方的研究与开发活动。小生产与大市场的矛盾是目前制约我国农业发展的一大障碍，而电子商务跨越了地域、时空界线的特性，可以在更大范围内调节生产与市场的矛盾。

互联网的发展为农产品及生产资料开辟了更广泛的市场空间。农民有更多的机会将产品销售到更远的地方，同时农产品电子商务可以将地理范围分散的、少量的、单独的农产品交易规模化、组织化。由于电子商务可以提供24小时的全天候营业时间，因而能让农民找到更多的新市场，吸引更多客户。另外，交互式的销售方式使农民能够及时得到市场反馈，改进本身的工作，提供个性化服务，建立稳定的顾客群。

二、农产品电子商务推动农业龙头企业建设

农业龙头企业是发展农业经济的主力军，龙头企业是农业产业化的中心环节，它前连农产品生产基地，后连销售大市场，在农业产业化中起着组织生产、开拓市场等重要功能。龙头企业开

展电子商务建设可以促进农业向产业化发展，可将农产品生产、销售有机结合，缩短产品销售周期，减少销售中间环节，降低成本，起到带动和有效增加农民收入的作用。另外，其作用还体现在以下方面。

促进农产品流通，发展现代物流。在我国，农产品流通不畅已成为阻碍农业和农村经济的健康、协调、可持续发展，影响农民增收乃至农村稳定的重要因素之一。农产品销售难的问题，实质是小农经济的生产经营与大市场、大流通不相适应矛盾的表现；是农产品生产、技术、加工、流通渠道不畅、信息传递缓慢，农产品流通的网点、规模、设施等与农产品生产规模的发展需求极不相称的结果。现代农村市场商品流通体系尚未建立，从某种意义上来讲阻碍了农业的发展，比如2006年陕西部分地区出现西瓜滞销，严重挫伤了农民的生产积极性。因此，通过电子商务可以加快农产品流通，发展现代物流、连锁经营等新型业态和流通方式。

促进农业企业优化资源配置。在计划经济体制下，农业资源配置以上级指令为依据，对于农业生产者来说，农业信息的作用不大。但在市场经济与比较优势战略逐渐成为我国农业发展的基本模式、国内外农产品市场已成为我国农业发展平台的大背景下，再简单地根据市场价格来确定生产规模的“蛛网模型”来理解农民在资源配置中的信息需求已不合时宜。在经济全球化背景下，不仅国内外的市场营销信息、科技信息，而且有关国内外的农业政策及其变化的信息，甚至WTO农业多边贸易谈判的最新进展及其前景的信息，都对农业生产者优化资源配置有着重要的价值。

加快农业信息化进程。农业生产不仅要承受市场风险，而且要承受自然风险。加强农业信息系统建设在一定程度上能降低风险对农业的不利影响。从市场风险看，农业市场风险在很大程度上是由于农业信息传递速度缓慢，信息准确性不高等多种因素而引起的生产和经营的盲目性。农民获得的信息越充分，投资和生产决策越准确，市场风险就越小。因此，加强农业信息系统建设有利于降低农业的市场风险。从自然风险看，现代生物技术特别是转基因技术的发展，大大增强了农作物抵抗自然环境突变的特性（如农作物的抗旱性、抗虫性等），现代生物技术的发展及其在农业生产中的广泛运用，无疑有利于降低农业的自然风险。由于农业信息系统建设有利于缩短农业技术供给方和需求方之间的距离，推动农业高新技术的产业化进程，因而也有利于降低农业面临的自然风险，农业龙头企业电子商务建设与应用将加快农业信息化的进程。

提高农业国际竞争力。在经济全球化的大背景下，农业能否发展的关键在于能否从根本上提高农业的国际竞争力。农产品国际竞争力是农产品价格竞争力、农产品质量竞争力和客户信誉竞争力三方面复合而成的。完善的农产品电子商务系统有利于从根本上提高农业的国际竞争力。农产品电子商务是世界农业发展的必然趋势和农业现代化的新内容，在经济全球化快速发展的背景下，特别是加入WTO以后我国国内农产品市场和国际农产品市场进一步整合，农产品电子商务逐步成为农产品交易的基本策略。

农业是我国的传统弱质产业，历来存在着生产经营分散、产品竞争力不强、流通环节多、交易成本高、标准化程度低等问题。特别是近年来随着世界经济全球化进程的不断加快和中国加入WTO，我国农业所面临的小农户与大市场的矛盾将更加突出。当前，流通已成为我国农业的软肋，严重制约着农业整体效益的提高。因此，如何建立一种市场信息畅通、规范、高效的农产品流通新模式，已成为降低我国农产品交易成本，提高农业整体效益，保证农业持续稳定发展和促进农民增收的重大现实问题。而电子商务，作为一种以计算机网络为基础的商务信息平台，则为解决以上问题提供了成熟完善的技术条件。

加速农业信息流通。以家庭为单位的小规模生产使农业生产者之间基本上不存在信息交流，农户以经验来进行生产，这种被动产销局面使农户收入徘徊不前。电子商务的运用，使农产品供需双方可以跨越时间和地域的界限，做到及时沟通，依据市场信息情况合理定产，避免了市场波动带来的效益不稳定，降低了农业生产市场风险。

拓宽农产品销售渠道。目前，我国农产品流通体系尚不健全，产品销售渠道窄、环节多、交易成本高、供求链之间严重割裂。通过建立电子商务网上交易平台，实现了产业化带动下的农产品流通的规模化、组织化，一方面使交易双方处于信息对等的地位；另一方面，提供一种全新的农产品销售方式，让供求双方可以直接进行交易，降低交易成本。

创新农产品营销方式。长期以来，现代商品营销中的市场调查分析、评估与预测、市场定位、产品品牌包装、服务促销等环节与手段并没有在农业产业化中得到充分运用。通过创建电子商务网站，进行网上广告、订货、付款、客户服务和货物递交等销售、售前和售后服务，以及市场调查分析、财务核算及生产安排等多项商务活动，将有利于带动与农产品销售相关的金融、物流、交通、运输、电信等第三产业的发展，加快农业产业化的进程。

第四章

新农人电子商务的产生和发展

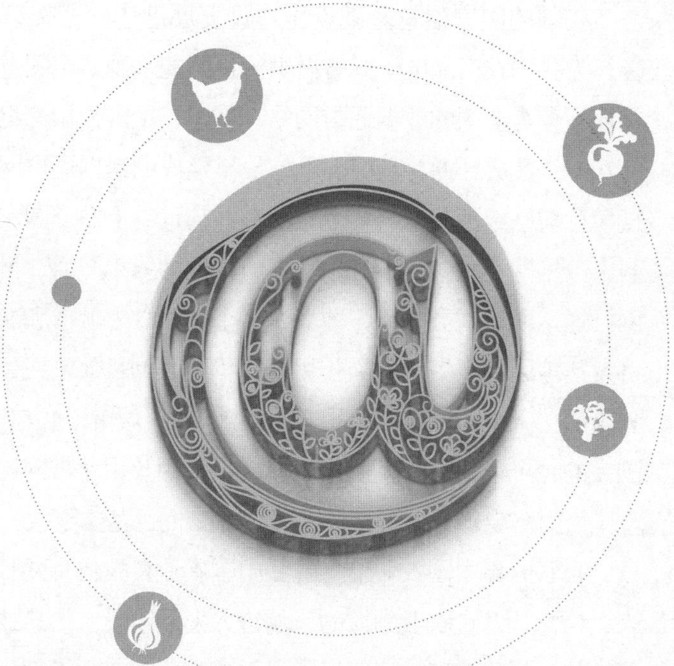

第一节
新农人电子商务产生的背景

我国是一个农村人口占绝大多数的国家，13亿人口中70%以上分布在农村地区，尽管现在农民的购买力相对比较低，但农村丰富的人口资源在一定程度上弥补了购买力的不足。从长远来看，我国要建设小康社会，农村经济的发展、农民收入的提高是关键，因此提高农民购买力是必然趋势，农村市场的潜力无限。

我国的国家信息基础设施建设发展迅速，框架结构基本完善，为我国农产品电子商务提供了良好的基础。中国电信已建成开通了覆盖全国的数据通信网络。其中，中国公用分组交换数据网1993年建成开通，是中国电信最早建成的数据通信网络，网络规模目前已经覆盖2200多个城市，并与世界上23个国家和地区的44个数据网互联。中国公用数字数据网1994年开通，目前，骨干网已通达所有省会城市，覆盖2000个县级以上城市和2000多个经济发达地区的乡镇。中国公用计算机互联网目前已经建成20多个省市的接入网，网络节点遍布全国200多个城市，并与美国等5个国家的12个运营商有直达路由连接。中国公用宽带网目前已覆盖全国所有省会城市，20个省的省内宽带网已基本建成。

自1994年中国农业信息网和中国农业科技信息网相继开通以来，信息技术在农业领域的应用进入发展阶段。信息技术在农业领域的应用研究与推广取得了显著成效，如建立了部分农业综合数据库，并研制开发了各类应用系统，其中以粮、棉、油为主的信息技术成果约占1/3。农业部还利用网络协议、信息通信、数据库及查询等技术，建成了专业面涵盖较宽、信息存储及处理和发布能力较强、信息资源丰富及更新量较大的中国农业信息网，现联网用户已超过3000家。我国大陆涉农网站已有6000多家，超过了法国、加拿大等发达国家，如果加上中国台湾和中国香港的农业网站，中国农业网站数量可排在世界前十名。

根据《2014—2015年中国农产品电子商务发展报告》披露，2014年我国农村电子商务得到飞跃发展，我国有各类涉农电商3.1万家，其中涉农交易类电商有近4000家。历经20多年的发展，我国电商继图书、服装、3C三大电商热潮后，现已进入第四轮电商热潮，即农产品电商时代。

信息系统整合的农业电子商务系统集各种专项系统的功能，为农户提供全方位服务，帮助农户以市场需求为指导，合理管理资源，安排生产，及时响应市场需要。它是一种全新理念和技术的结合，将突破传统管理思想，为农业带来全新竞争优势。信息系统整合的农业电子商务系统按整合的观念组织生产、销售、物流的方式，以最快速度响应客户需求，给农业带来速度优势。传统农业生产经营是被动的，没有着眼于客户，更没将客户作为资源纳入管理。整合的农业电子商务系统可通过各种方式收集客户及市场信息，为企业提供最直接最有价值的信息资源——个性化产品优势。整合的电子商务系统可以解决个体生产难以解决的品种单一问题，实现多产品、少批量、个性化生产。整合的电子商务系统解决了产品个性化生产和成本这一对影响相关目标的矛盾。低生产成本、零库存和零交易成本，使用户在获得多样化产品的同时，获得了低廉的成本优势。综合上述，中国农业发展呼吁一套集企业管理思想和各种信息系统于大成的、投资少的、实用的电子商务系统。农户甚至不用自己拥有网络设施和管理系统，只要在乡政府中心机房就可以实现农户个体管理企业化、电子商务化。

第二节 新农人电子商务的形成和模式

农业电子商务的形成经历了这样一系列过程：政府为主体、从无到有的启动建设阶段。此阶段以政府为主导，以面向农民提供农业信息服务为主，兼顾涉农企业。第二阶段是企业为主体、政府补贴的媒体平台阶段。该阶段的赢利模式有以下几种：一是向农用生产资料企业收取广告费。由于在很多农村地区还未能解决“最后一公里”问题，广告受众有限，所以广告收费难以维持公司的正常运营。二是政府提供项目经费支持。如在实施农业信息化建设项目、农村信息扶贫项目过程中，通过购买公司开发的手持终端机等方式，对公司给予财政上的支持。三是开展农业电子商务的公开招标，通过承包政府农业信息化项目建设，如软件开发、为政府提供技术支持等，获得财政上的支持。农民对市场信息的需求超越了简单的供求信息发布之后，就想通过更广阔的平台收获更大的经济效益，农产品电子商务将成为核心媒体之一。

农业电子商务的开展方式可以分为：没有农业企业网站的电子商务和拥有农业企业网站的电子商务。

没有农业企业网站的电子商务。如果自身资源有限的话，可以不必建立独立的网站。目前，国内有百度一下、慧聪网、易趣（eBay）、淘宝网、一拍网等著名的大型电子商务网站，为企业或个人提供了很好的电子商务平台，企业只需要在上面注册自己的网上商店，刊登企业的供求信息，就可以很好地推广企业，这样，企业就可以花少量的投资甚至免费来实现初级电子商务。

拥有农业企业网站的电子商务。由于网站的级别不同，各个农业企业开展的电子商务方式也不相同。比如有的企业网站上面仅仅是提供企业名称、一些简单的产品介绍、联系方式等，这种企业仅仅借助于网站，在互联网平台上介绍自己，实际的商务活动实现仍然是传统的方式。而有的企业在网站里面已经实现了在线购物，甚至在线付款等功能，他们完全可以利用互联网平台销售自己的产品和服务。新农人选择什么样的网站形式，要根据自身实际来决定。

农产品电子商务有明显的发展优势，竞争阻力小、经营成本低、市场潜力大。

零售企业开店投入的资金中，有相当一部分花在物业购置或租赁以及装修上，这样的高成本投入，使得零售企业很难拥有价格优势。而农村市场开发程度低，地价也大大低于城市，大大节约了企业的资金，降低了经营成本。另一方面，农村地区劳动力成本也大大低于城市。相对于大城市的惨烈商战，中小城市和农村存在着明显的竞争不足。目前，占据这些地区商业领域的主要是一些地方的中小型商业企业以及为数众多的零散经营个体，普遍存在着规模小、布局混乱、组织化程度低、商品质量差等诸多问题。商业零售企业可以充分利用自身在品牌、资金、管理等方面的优势占领市场。除了直接投资开店之外，还可通过收购、兼并、嫁接、加盟等形式的资产重组吸纳那些当地不景气的商场、市场，实现低成本、大规模的扩张。

第三节 新农人电子商务的现状和趋势

我国农产品电商目前形成了“两超一多强一小众”的格局，所谓“两超”就是阿里系、京东系农产品电商；“多强”是指具有较强竞争力的农产品电商；“小众”是指具有成长性的特色农产品电商。生鲜电商被称为电商领域的“新蓝海”。据统计，2010年至2014年，阿里平台农产品销售额的年均增速为112.15%，农产品销售额2010年达37亿元左右，2014年预计突破800亿元。2013年，淘宝网生鲜产品（包括水产、肉类和水果）的增速高达194.58%，居所有品类排名首位。2013年全国生鲜电商交易额达130亿元，同比增长221%，预计2014年全国将达到260亿元，增长100%。

农产品电子商务进入融资高峰期。据统计，本来生活、美味七七、京东、我买、宅急送、阿里巴巴、收货宝、青年菜君等网站先后获得了大量私募股权投资（PE）、风险投资（VC）融资，这些融资大都注入农产品电子商务领域。青年菜君以半成品生鲜电商特色获千万元PreA轮融资，启用“顾客头天网上下单，次日地铁口自提”模式。

电商企业积极开拓农村市场。例如京东开起了通往三、四线城市和农村的“大篷车”，阿里巴巴启动了“千县万村”计划，两家网站先后均与中国邮政合作，瞄准农村市场。“下乡”成为众多电商的共同目标和新的重要增长点，网购县域消费比城镇高13.6个百分点。

2014年商务部先后组织两次网上购销对接会，成交额达到110.3亿元。2014年8月25日—9月25日，商务部举办2014年夏秋季农产品网上购销对接会，全国共有27个省（自治区、直辖市）、625个县（市、区）的商务主管部门上报农产品供求信息近149万条，涉及农产品品种1000多种，促成农产品成交近115万吨、金额55亿元。2014年12月29日—2015年1月29日，商务部举办冬季农产品网上购销对接会，共有25个省（自治区、直辖市）、586个县（市、区）商务主管部门上报农产品供求信息161.9万条，涉及农产品品种1035种，促成农产品销售85万吨，成交金额55.3亿元。

2014年5月，农业部在四川成都试点蔬菜产销平台“菜易通”，力图实现产销对接，解决供需信息脱节、盲目种植、“卖菜难买菜贵”等问题。这一系统为成都市种5亩以上蔬菜的5000多种植大户、专业合作组织、家庭农场建立了资料库，搜集他们的种菜信息、上市时间、预期价格等，还汇集城市超市、菜场的收购信息和实时菜价。这一系统力求实现产销对接、生产指导、市场预警、电子商务和蔬菜期货交易五大功能，产销两头都受益。

2014年8月7—8日，中国网上粮食市场早稻交易会在江西省上饶市举行。当日举行两场网上交易，网上共竞价交易成交4.27万吨粮食，成交额1.23亿元，网下洽谈成交10.45万吨粮食，成交额3亿元。近年来，上饶市与浙江省衢州、温州、台州、绍兴4市（县）紧密合作，已成功举办四届早稻网上交易会。2014年的交易会主办方增加到7个，吸引了浙江、广东、黑龙江等9个省、近600名粮食部门的领导和粮食企业的负责人参会。四年来，中国网上粮食市场早稻交易会共网上交易粮食17万吨，金额4.5亿元，参会人数2000余人。

电子商务专列开出、冷链动车的开出。2014年全国首个“南菜北运”全程冷链果蔬绿色专列——广西百色至北京果蔬绿色专列正式运营，百色老区蔬菜水果的专列进入北京，只需3~4天这些农产品就出现在北京超市的货架上。2014年8月，首趟电商专列开出，标志着我国电商物流进入新阶段。目前，电商专列设15~19节车厢，每节车厢核定载重在23吨左右。2014年8月，沈阳局“东北货物快运”的特色品牌之一——鲜活货运快车首开，采取发电车供电机械式制冷，每组车编挂冻结式保温车、保鲜式保温车和冷藏式保温车2~3辆，适合各种储藏要求的鲜活产品运输；在辽宁大连周水子站和黑龙江哈尔滨香坊站间循环开行，全程运行时间33小时37分，沿途有周水子、沈阳、长春、香坊等9个主要装卸办理站。截至2015年1月11日，沈阳局鲜活货运快车已运送鲜活物品18万多件，1300余吨。

移动商务成为农村电商发展趋势。2014年我国手机用户达到12.86亿户，移动智能终端用户规模达到10.6亿户，较2013年增长231.7%，智能手机的普及被视为助力农村电子商务的一个重要因素。

大宗商品电子商务在探索中规范发展。据中物联大宗商品交易市场流通分会统计，截至2014年年底，目前我国大宗商品电子类交易市场共739家。其中，处于运营状态的市场为661家，处于暂停交易或停业状态的市场为78家。在739家市场中，涉农交易市场有300家，其中农产品交易市场219家、畜禽产品交易市场27家、酒类产品交易市场22家、渔产品交易市场14家。2014年，我国大宗商品现代流通行业总体呈现规范化、专业化和规模化发展的良好态势，行业整体综合实力与市场主体质量有明显提升。大宗商品电子类交易市场与实体经济的联系更加紧密，行业分布更加广泛，市场数量同比增长37.4%，实物交易规模超过25万亿元。2014年涉农电子商务交易额达到15万亿元。

农产品电商与农业物联网在五个环节应用明显：在农业资源精细监测和调度方面；在农业生态环境监测和管理方面；在农业生产过程的精细管理方面；在农产品质量溯源方面；在农产品物流方面。

农产品电子商务展会、论坛、培训十分火爆。据不完全统计，2014年我国各种涉农电商展会和论坛共有500多次，较著名的有2014年中国电子商务创新发展论坛（农产品电子商务分论坛）、第十二届中国国际农产品交易会（设农业信息化展区，展示智慧农业、农产品电子商务、产品及解决方案等技术，并举办农业信息化高峰论坛），促进了农产品电子商务理论研究和人才培养。阿里巴巴在浙江杭州阿里巴巴西溪园区举办首届中国县域经济与电子商务峰会，百余位县长参会。中国食品（农产品）安全电子商务高层研讨会和2014海峡两岸农产品电子商务发展论坛相继举行。

跨境农产品电子商务是一个新热点。2014年10月，阿里巴巴启动韩国农产品直批进中国活动，首批主推韩国食品的96种商品几乎覆盖了整个食品大类。作为阿里巴巴旗下的批发平台，40%的1688买家是淘宝天猫卖家，今后从韩国直接批发进货，下一步就是卖给消费者，比以前通过层层代理商节约成本，货源也相对有保障。2014年上海自贸区半年时间先后开通两个跨境电子商务平台，分别是“跨境通”和“报税店.com”，而国内电商淘宝、京东商城、我买网等早已开通海外农产品直采或直邮服务。出口方面除了提供综合服务的易趣（eBay）、亚马逊、阿里巴巴和敦煌网外，还出现了一大批像“兰亭集势”这样的B2C跨境电商平台。2014年5月，广东首个农产品跨境电子商务平台试点在广东国通物流城启动，新西兰乳业企业绿优谷成为正式进驻该试点“我要跨境购”电商平台的首家国际企业。

第四节
新农人电子商务的推动力量群

行业的火热带来更多的服务商进入农产品电子商务领域。针对农产品电子商务人才欠缺现状，各类专业培训机构纷纷在中西部布点并研发相关课程；客服代理等新型的服务商开始出现，为解决农村客服招聘难问题提供了新的选择；以菜鸟网络、顺丰快递为首的物流企业也开始在农业领域发力，探索解决生鲜农产品的物流及配送难题的方案。随着淘宝网 “特色中国”项目的遍地开花，针对地方土特产网络营销的本地化服务商兴起，他们不仅为农产品草根网商提供了急需的服务，更是促进了当地电子商务生态的健康发展。

农村电商或迎来历史发展机遇。事实上，2015年以来农村电商政策利好频出。随着2016年“一号文件”的施行，加快推进农村现代化的工作成为当前重点。在互联网的发展大势下，农村现代化发展离不开农村信息建设与农村电商普及。而回顾整个2015年，国家接连出台了诸多政策文件，旨在进一步推动农村电商在农村的普及。

政策一：2015年2月1日国务院《关于加大改革创新力度加快农业现代化建设的若干意见》（以下简称《意见》）。

政策概述：《意见》指出，推进农村金融体制改革，要综合运用财政税收、货币信贷、金融监管等政策措施，推动金融资源继续向“三农”倾斜，确保农业信贷总量持续增加、涉农贷款比例不降低。同时，支持银行业金融机构发行“三农”专项金融债，鼓励符合条件的涉农企业发行债券。

《意见》共分5个部分32条，包括：围绕建设现代农业，加快转变农业发展方式；围绕促进农民增收，加大惠农政策力度；围绕城乡发展一体化，深入推进新农村建设；围绕增添农村发展活力，全面深化农村改革；围绕做好“三农”工作，加强农村法治建设。在加快转变农业发展方式、创新农产品流通方式方面，支持电商、物流、商贸、金融等企业参与涉农电子商务平台建设，开展电子商务进农村综合示范。

政策二：2015年4月2日国务院《中共中央国务院关于深化供销合作社综合改革的决定》（以下简称《决定》）。

政策概述：《决定》深化供销合作社综合改革的总体要求；拓展供销合作社经营服务领域，更好履行为农服务职责；推进供销合作社基层社改造，密切与农民的利益联结；创新供销合作社联合社治理机制，增强服务“三农”的综合实力；加强对供销合作社综合改革的领导。

政策三：2015年4月7日共青团中央办公厅、商务部《关于实施农村青年电商培育工程的通知》（以下简称《通知》）。

政策概述：《通知》指出，要部署实施农村青年电商培育工程，鼓励农村青年抓住信息化进程给农业农村发展带来的市场机遇，积极利用电子商务等现代商业模式拓宽创业致富渠道，投身农业农村改革和农业现代化。

农村青年电商培育工程的工作内容包括四个方面：一是技能培训。依托促进农村青年创业就业培训项目，围绕电子商务实操、网络市场营销、物流配送等内容，为农村青年提供电子商务技能培训。二是金融支持。协调金融机构，联合设计开发“青”字号电商创业金融服务项目，在授信额度、利率优惠等方面重点向电子商务创业青年倾斜。三是领创建站点。择优选择依托电子商务发展的涉农创业青年领创建县级区域电商服务中心；鼓励农村创业青年加盟或投资建立乡镇服务站和村级服务点。四是跟踪服务。开展网店货源对接；打造农村青年电商网络展销平台或网络集市，拓宽农产品销售渠道。

政策四：2015年5月4日国务院《关于大力发展电子商务加快培育经济新动力的意见》（以下简称《意见》）。

政策概述：《意见》提出了七方面的政策措施。一是营造宽松发展环境，降低准入门槛，合理降税减负，加大金融服务支持，维护公平竞争。二是促进就业创业，鼓励电子商务领域就业创业，加强人才培养培训，保障从业人员劳动权益。三是推动转型升级，创新服务民生方式，推动传统商贸流通企业发展电子商务，积极发展农村电子商务，创新工业生产组织方式，推广金融服务新工具，规范网络化金融服务新产品。四是完善物流基础设施，支持物流配送终端及智慧物流平台建设，规范物流配送车辆管理，合理布局物流仓储设施。五是提升对外开放水平，加强电子商务国际合作，提升跨境电子商务通关效率，推动电子商务“走出去”。六是构筑安全保障防线，保障电子商务网络安全，确保电子商务交易安全，预防和打击电子商务领域违法犯罪。七是健全支撑体系，健全法规标准体系，加强信用体系建设，强化科技与教育支撑，协调推动区域电子商务发展。

政策五：2015年5月15日商务部《“互联网+流通”行动计划》（以下简称《行动计划》）。

政策概述：《行动计划》的主要任务是，推动电子商务进农村，培育农村电商环境；加快电子商务海外营销渠道建设，助力电商企业“走出去”；支持电子商务进中小城市，提升网络消费便利性；推动线上线下互动，激发消费潜力；促进跨境电子商务发展，拓展海外市场；鼓励电子商务进社区，拓展服务性网络消费范围。《行动计划》提出，要力争在一到两年内，实现在全国创建培育200个电子商务进农村综合示范县；创建60个国家级电子商务示范基地，培育150家国家级电子商务示范企业，打造50个传统流通及服务企业转型典型企业，培育100个网络服务品牌；推动建设100个电子商务海外仓；指导地方建设50个电子商务培训基地，完成50万人次电子商务知识和技能培训；力争在2016年年底，我国电子商务交易额达到22万亿元，网上零售额达到5.5万亿元目标。

政策六：2015年5月20日国家邮政局、商务部《关于推进“快递向西向下”服务拓展工程的指导意见》（以下简称《意见》）。

政策概述：《意见》要求进一步健全城乡快递服务网络，加强快递在中西部、农村地区与电子商务的协同发展，促进农村流通现代化。其提出采取四方面重点措施推进“快递向西向下”服务拓展工程：一是完善中西部、农村地区快递基础设施。二是加强资源整合共享与合作开发。鼓励快递企业间在业务量较小的乡镇和村合作建立服务网点开展快递服务。三是健全农产品快递服务。鼓励快递企业积极服务农产品进城，探索与涉农电子商务企业等农产品网络销售渠道的有效对接，协同提供农产品从农村到城市、从经济欠发达地区到经济发达地区的快递服务。四是提升中西部、农村地区快递服务水平。引导快递企业完善中西部、农村地区网点建设标准和服务标准，加强服务监督。到2020年基本实现“乡乡有网点，村村通快递”。

政策七：2015年9月24日农业部、国家发展和改革委员会、商务部《推进农业电子商务发展行动计划》（以下简称《计划》）。

政策概述：《计划》围绕五个方面的重点任务，制定了20项具体行动计划。一是积极培育农业电子商务市场主体，实施能力提升、平台对接、电商拓展3项行动；二是构建农业电子商务公共服务平台，实施网络集货、产品推介、信息共享、质量监管、运行保障5项行动；三是大力疏通农业电子商务渠道，实施渠道延伸、市场转型、模式创新、基础支撑4项行动；四是加大农业电子商务技术创新及其应用力度，实施技术创新、示范推广、标准推进、政策研究、智库应用5项行动；五是加快完善农业电子商务政策体系，实施政策支撑、硬件支撑、运营支撑3项行动。

政策八：2015年11月9日国务院《关于促进农村电子商务加快发展的指导意见》（以下简称《意见》）。

政策概述：《意见》提出七方面政策措施。一是加强政策扶持力度。深入开展电子商务进农村综合示范，制订出台农村电子商务服务规范和工作指引，推动电商扶贫。二是鼓励和支持开拓创新。开展农村电子商务创新创业大赛和农村电子商务强县创建活动。三是大力培养农村电商人才。实施农村电子商务百万英才计划，培养农村电商人才。四是加快完善农村物流体系。加强农村物流服务网络和设施的共享衔接，加快完善县、乡、村农村物流体系。五是加强农村基础设施建设。六是加大金融支持力度。加大对电子商务创业农民尤其是青年农民的授信和贷款支持，简化农村网商小额短期贷款手续。七是营造规范有序的市场环境。加强网络市场监管，打击制售假冒伪劣等违法行为，推进农村电子商务诚信建设。

政策九：2015年11月17日财政部《农业综合开发扶持农业优势特色产业促进农业产业化发展的指导意见》（以下简称《意见》）。

政策概述：《意见》提出，用三年时间在各农业综合开发县初步形成1~2个优势特色产业，以省为单位各形成10个左右、在全国初步形成百个资源比较优势大、产业链条延伸长的区域农业优势特色产业集群。在扶持方式方面，逐渐形成以贷款贴息为主、以财政补助为辅、财政股权投资基金等多种形式并存的多元化扶持体系。贷款贴息项目优先扶持实力较强、规模较大、示范带动作用显著的农业产业化龙头企业和农民合作社。财政补助项目优先扶持农民合作社、家庭农场、专业大户及农业社会化服务组织等。鼓励和引导有条件的地区采取财政股权投资基金、贷款项目担保基金等扶持方式。同时，鼓励地方积极探索有利于扩大社会资本投入、壮大优势特色产业集群的其他扶持方式。

政策十：2015年11月23日国务院《关于积极发挥新消费引领作用加快培育形成新供给新动力的指导意见》（以下简称《意见》）。

政策概述：《意见》提出，要拓展农村消费市场，优化农村消费环境，完善农村消费基础设施，大幅降低农村流通成本，充分释放农村消费潜力。对此，《意见》提出四方面具体措施。一是加快推进重点领域制度创新，破除阻碍消费升级和产业升级的体制机制障碍，维护全国统一市场和各类市场主体公平竞争；二是全面改善优化消费环境，全面提高标准化水平，完善质量监管体系，强化企业主体责任；三是创新并扩大有效供给，引导企业更加积极主动适应市场需求变化，实施企业技术改造提升行动计划，增加优质新型产品和生活服务等有效供给；四是优化政策支撑体系，着眼于发挥制度优势、弥补市场失灵、引导市场行为，系统调整财税、金融、投资、土地、人才和环境政策，加强政策协调配合，形成有利于消费升级和产业升级协同发展的政策环境。《意见》表示，支持各类社会资本参与涉农电商平台建设，促进线下产业发展平台和线上电商交易平台结合。发挥小城镇连接城乡、辐射农村的作用，提升产业、文化、旅游和社区服务功能，增强商品和要素集散能力。鼓励有条件的地区规划建设特色小镇。

政策十一：2015年2月4日农业部《关于扎实做好2015年农业农村经济工作的意见》。

政策概述：毫不放松抓好粮食生产，稳步推进农业结构调整。提高农产品质量安全和农业科技运用水平，加快转变农业发展方式，推进农业标准化生产。完善强农惠农政策，加强农业法治建设，鼓励利用财政资金撬动金融保险支农，争取资金用于金融支农试点。

政策十二：2015年2月11日农业部、中央农村工作领导小组办公室、财政部、国土资源部、国务院法制办、国家档案局《关于认真做好农村土地承包经营权确权登记颁证工作的意见》。

政策概述：在稳步扩大试点的基础上，用5年左右时间基本完成土地承包经营权确权登记颁证工作。2015年继续扩大试点范围，在2014年进行3个整省和27个整县试点的基础上，再选择江苏、江西、湖北、湖南、甘肃、宁夏、吉林、贵州、河南等9个省（区）开展整省（区）试点。其他省（区、市）根据本地情况，扩大开展以县为单位的整体试点。

政策十三：2015年3月23日国务院《关于深化供销合作社综合改革的决定》。

政策概述：推动供销合作社由流通服务向全程农业社会化服务延伸、向全方位城乡社区服务拓展，加快形成综合性、规模化、可持续的为农服务体系。在农资供应、农产品流通、农村服务等重点领域和环节为农民提供便利实惠、安全优质的服务。

政策十四：2015年5月22日财政部、农业部《关于调整完善农业三项补贴政策的指导意见》。

政策概述：一是在全国范围内调整20%的农资综合补贴资金用于支持粮食适度规模经营。二是选择部分地区开展农业“三项补贴”改革试点。试点的主要内容是将农业“三项补贴”合并为“农业支持保护补贴”，政策目标调整为支持耕地地力保护和粮食适度规模经营。

政策十五：2015年5月28日农业部、国家发展改革委员会、科技部、财政部、国土资源部、环境保护部、水利部、国家林业局《全国农业可持续发展规划（2015—2030年）》。

政策概述：规划综合考虑各地农业资源承载力、环境容量、生态类型和发展基础等因素，将全国划分为优化发展区、适度发展区和保护发展区等三大区域，因地制宜、梯次推进、分类施策。

政策十六：2015年6月2日财政部《农业综合开发推进农业适度规模经营的指导意见》。

政策概述：加大对农产品流通环节扶持力度，支持农业产业化龙头企业发展仓储及冷链物流设施，向乡镇和农村延伸生产营销网络。探索对农产品电子商务的支持政策，支持企业建立电子商务平台及信息化建设。发挥供销社的优势，与农民开展合作式、订单式生产经营服务，搞好产销对接，农社对接，提高服务的规模化水平。

政策十七：2015年6月17日农业部《全国农产品产地市场纲要》和《中国农产品批发市场发展研究报告》。

政策概述：重点明确产地市场发展布局。提出“四个衔接”，即产地市场发展要与现代农业体系发展相衔接；产地市场布局要与农产品优势区域布局相衔接；产地市场建设要与第一、第二、第三产业发展相衔接；产地市场要着重与推进农业品牌战略实施相衔接。重点是不同地区、不同产品三级市场体系（全国性、区域性、田头）的布局条件、布局依据和实现功能。

政策十八：2015年6月21日国务院办公厅《关于支持农民工等人员返乡创业的意见》。

政策概述：支持农民工、大学生和退役士兵等人员返乡创业，通过大众创业、万众创新使广袤乡镇百业兴旺，可以促就业、增收入，打开新型工业化和农业现代化、城镇化和新农村建设协同发展新局面。

政策十九：2015年6月30日国家农业综合开发办公室《关于调整和完善农业综合开发扶持农业产业化发展相关政策的通知》。

政策概述：产业化经营项目由省级农发机构组织项目申报和审核批复。经有权部门认定或登记的专业大户、家庭农场、社会化服务组织等新型农业经营主体，可纳入产业化经营项目扶持范围，不受独立法人资格条件的限制。单个财政补助项目的财政资金申请额度不高于自筹资金额度，单个贷款贴息项目的贷款额度一般不高于1亿元人民币。

政策二十：2015年8月7日国务院《关于加快转变农业发展方式的意见》。

政策概述：把转变农业发展方式作为加快推进农业现代化的根本途径，以发展多种形式农业适度规模经营为核心，以构建现代农业经营体系、生产体系和产业体系为重点，着力转变农业经营方式、生产方式、资源利用方式和管理方式，推动农业发展由数量增长为主转到数量、质量、效益并重上来。

政策二十一：2015年8月17日农机机械化管理司《主要农作物生产全程机械化推进行动的意见》。

政策概述：到2020年，力争全国农作物耕种收综合机械化水平达到68%以上，其中三大粮食作物耕种收综合机械化水平均达到80%以上，机械化植保防治、机械化秸秆处理和机械化烘干处理水平有大幅度提升。在主要农作物的优势生产区域内，建设

500个左右率先基本实现生产全程机械化的示范县；在有条件的省份整省推进，率先基本实现全省（自治区、直辖市）主要农作物生产全程机械化。

政策二十二：2015年8月24日国务院《国务院关于开展农村承包土地的经营权和农民住房财产权抵押贷款试点的指导意见》。

政策概述：按照所有权、承包权、经营权三权分置和经营权流转有关要求，以落实农村土地的用益物权、赋予农民更多财产权利为出发点，深化农村金融改革创新，稳妥有序开展“两权”抵押贷款业务，有效盘活农村资源、资金、资产，增加农业生产中长期和规模化经营的资金投入，为稳步推进农村土地制度改革提供经验和模式，促进农民增收致富和农业现代化加快发展。

政策二十三：2015年8月28日国务院《国务院关于推进国内贸易流通现代化建设法治化营商环境的意见》。

政策概述：推进城乡流通网络一体化。统筹规划城乡商业网点的功能和布局，提高流通设施利用效率和商业服务便利化水平。整合商务、供销、邮政等各方面资源，加强农村地区商业网点建设。加强对贫困地区、民族地区、边疆地区和革命老区市场建设的支持，保障居民基本商业服务需要。建设重要商品追溯体系。坚持政府引导与市场化运作相结合，以食用农产品、食品、药品以及其他对消费者生命健康有较大影响的商品为重点，利用物联网等信息技术建设来源可追、去向可查、责任可究的信息链条，逐步增加可追溯商品品种。

政策二十四：2015年9月1日商务部、国土资源部、住房城乡建设部、交通运输部、农业部、人民银行、税务总局、质检总局、国家标准委、供销合作总社等10部门《全国农产品市场体系发展规划》。

政策概述：根据我国各地经济社会、交通区位、人口分布、农产品流通基础等因素，结合“一带一路”建设、长江经济带、京津冀协同发展等国家战略部署和全国主要商业功能区、农产品优势产销区分布，在全国农产品生产、集散和消费集中区域布局100个左右全国骨干农产品批发市场和8个市场集群，依托市场集群形成“三纵三横”的全国农产品流通骨干网络，与区域农产品流通网络相对接，形成全国网与区域网相结合、公益性和市场化相结合、实体网与虚拟网相结合、批发网络与零售网络相结合的全国农产品市场体系。

政策二十五：2015年10月28日农业部、共青团、人力资源和社会资源部《关于开展农村青年创业富民行动的通知》。

政策概述：深入贯彻落实党中央、国务院关于创业创新一系列方针政策，以促进农村青年创业就业、带动农民增收致富为目标，以农村青年为主体，以县（市）乡（镇）为重点区域，支持农村青年创办领办家庭农场、农民合作社和小微企业等市场主体，发展设施农业、规模种养业、农产品加工业、民俗民族工艺产业、休闲农业与乡村旅游、农产品流通与电子商务、养老家政服务、生产资料供应服务等农村第一、第二、第三产业，充分发挥市场在资源配置中的决定性作用和更好发挥政府作用，加强政策扶持、产业指导和创业服务，加快形成有利于农村青年创业的良好氛围，让千千万万农村青年创业者活跃起来，以产业促创业、创业促增收、创新促发展，成为创业兴业、致富一方的新型农民，为推进农业强、农村美、农民富和全面建成小康社会提供有力支撑。

政策二十六：2015年11月2日中共中央办公厅、国务院办公厅《深化农村改革综合性实施方案》。

政策概述：到2020年，农村各类所有制经济尤其是农村集体资产所有权、农户土地承包经营权和农民财产权的保护制度更加完善，新型农业经营体系、农业支持保护体系、农业社会化服务体系、农业科技创新体系、适合农业农村特点的农村金融体系更加健全，城乡经济社会发展一体化体制机制基本建立，农村社会治理体系和农村基层组织制度更加完善，农民民主权利得到更好保障，农业农村法律法规进一步完善并加强，农村基层法治水平进一步提高，农业现代化水平和农民生活水平进一步提升，农村经济社会发展更具活力。

政策二十七：2015年3月17日国务院《2015年中央政府工作报告》。

政策概述: 李克强总理首次提出制定“互联网+”行动计划。

政策二十八：2015年4月3日商务部办公厅《2015年电子商务工作要点》。

政策概述：主动适应经济发展新常态，落实“互联网+”行动计划，发挥电子商务拓市场、促消费、带就业、稳增长的重要作用，突出创新驱动，促进转型升级，统筹考虑国内国际两个市场。

政策二十九：2015年5月4日国务院《关于大力发展电子商务加快培育经济新动力的意见》（又称“电商国八条”）。

政策概述：提出推动转型升级，内容包括：创新服务民生方式；推动传统商贸流通企业发展电子商务；积极发展农村电子商务；创新工业生产组织方式；推广金融服务新工具；规范网络化金融服务新产品。

政策三十：2015年5月13日商务部《“互联网+流通”行动计划》。

政策概述：提出将培育200个电子商务进农村综合示范县、创建60个国家级电子商务示范基地、培育150家国家级电子商务示范企业、推动建设100个电子商务海外仓、指导地方建设50个电子商务人才培训基地。

政策三十一：2015年5月11日海关总署《海关总署关于调整跨境贸易电子商务监管海关作业时间和通关时限要求有关事宜的通知》。

政策概述：海关对跨境电商的监管将实现全年（365天）无休日的作业时间。此外，海关还设下了货到海关监管场所24小时内办结海关手续的通关时限要求。

政策三十二：2015年5月14日质检总局《关于进一步发挥检验检疫职能作用促进跨境电子商务发展的意见》。

政策概述：建立跨境电子商务清单管理制度；建立跨境电子商务风险监控和质量追溯体系；持续创新电子商务检验检疫监管模式；实施跨境电子商务备案管理；加强跨境电子商务的信息化建设。

政策三十三：2015年5月15日工业和信息化部“推14条举措推进网络提速降费”。

政策概述：14条举措体现在加快基础设施建设，大幅提高网络速率方面；有效降低网络资费、持续提升服务水平方面；完善配套支持政策、强化组织落实方面。

政策三十四：2015年6月20日国务院办公厅《关于促进跨境电子商务健康快速发展的指导意见》。

政策概述：明确了跨境电子商务的主要发展目标，特别是提出要培育一批公共平台、外贸综合服务企业和自建平台，并鼓励国内企业与境外电子商务企业强强联合。同时，从多个方面给出政策支持，包括优化配套的海关监管措施；完善检验检疫监管政策措施；明确规范进出口税收政策；完善电子商务支付结算管理；提供积极财政金融支持等。

政策三十五：2015年6月24日国务院《“互联网+”行动指导意见》。

政策概述：明确了推进“互联网+”，促进创业创新、协同制造、现代农业、智慧能源、普惠金融、公共服务、高效物流、电子商务、便捷交通、绿色生态、人工智能等若干能形成新产业模式的重点领域发展目标任务，并确定了相关支持措施。

政策三十六：2015年7月4日国务院《国务院关于积极推进“互联网+”行动的指导意见》。

政策概述：明确了11项重点行动，分别是“互联网+”创业创新、“互联网+”协同制造、“互联网+”现代农业、“互联网+”智慧能源、“互联网+”普惠金融、“互联网+”益民服务、“互联网+”高效物流、“互联网+”电子商务、“互联网+”便捷交通、“互联网+”绿色生态、“互联网+”人工智能。

政策三十七：2015年8月21日商务部等19部门《关于加快发展农村电子商务的意见》。

政策概述：争取到2020年，在全国培育一批具有典型带动作用的农村电子商务示范县。电子商务在降低农村流通成本、提高农产品商品化率和农民收入、推进新型城镇化、增加农村就业、带动扶贫开发等方面取得明显成效，农村流通现代化水平显著提高，推动农村经济社会健康快速发展。

政策三十八：2015年9月5日国务院《促进大数据发展行动纲要》。

政策概述：开启大众创业、万众创新的创新驱动新格局。形成公共数据资源合理适度开放共享的法规制度和政策体系，2018年年底前建成国家政府数据统一开放平台，率先在信用、交通、医疗、卫生、就业、社保、地理、文化、教育、科技、资源、农业、环境、安监、金融、质量、统计、气象、海洋、企业登记监管等重要领域实现公共数据资源合理适度向社会开放，带动社会公众开展大数据增值性、公益性开发和创新应用，充分释放数据红利，激发大众创业、万众创新活力。

政策三十九：2015年9月29日国务院办公厅《关于推进线上线下互动加快商贸流通创新发展转型升级的意见》。

政策概述：新一代信息技术加速发展，技术驱动下的商业模式创新层出不穷，线上线下互动成为最具活力的经济形态之一，成为促进消费的新途径和商贸流通创新发展的新亮点。大力发展线上线下互动，对推动实体店转型，促进商业模式创新，增强经济发展新动力，服务大众创业、万众创新具有重要意义。

政策四十：2015年7月6日财政部、商务部计划安排“20亿专项资金扶持老区电子商务”。

政策概述：财政部、商务部公布2015年电子商务进农村综合示范工作的200个示范县名单，计划安排20亿专项资金进行对口扶持，发展当地农村电子商务。

政策四十一：2015年7月24日商务部“第二批电子商务进村示范县倍增每县1850万”。

政策概述：2015年每个示范县将获得1850万元的财政资金。2015年年底将对这些示范县进行绩效评估，对评估合格的县，2016年继续安排资金150万；评估不合格的将收回全部财政资金。

政策四十二：2015年7月29日财政部“财政拨20亿元支持农民专业合作组织发展”。

政策概述：中央财政已拨付20亿元资金专项用于支持农民专业合作组织发展，旨在促进加快构建新型农业经营体系，不断提高农民组织化程度。

政策四十三：2015年9月14日国务院“要求借助电商精准扶贫”。

政策概述：国务院扶贫办国际合作与社会扶贫司巡视员曲天军表示，将电子商务纳入扶贫开发体系，能有效提高扶贫绩效，国务院扶贫办将着力推进电商扶贫工程。

第五章

国外农业信息技术领域的借鉴

第一节
美国模式

以政府为主体，美国建立了较为完善的农村信息服务体系。政府对农业的补贴、财政转移支付与其他方面的支持，主要是通过扶持、支持农业信息化的办法让农业和农民间接受益。美国上互联网的农民占农民总数的一半以上，用直升机进行耕作管理的农场占农场总数的20%以上，安装 GPS定位系统的农场范围很大。这些内容有机统一，共同构成了美国的“精准农业”模式。美国还颁布了一系列关于信息公开、信息收集与发布、个人隐私权保护的法律法规，为美国农业信息化的发展提供了法律保障。美国首席信息官委员会等为农业信息系统互联、兼容与业务协同提供了组织保障。通过农业网络信息中心联盟等组织实现了农业信息资源共建共享。

美国农业信息化建设起步于20世纪50年代，经过半个多世纪的发展，已经成为世界上农业信息化程度最高的国家之一。农业信息化的进展，有力促进了美国农业整体水平的提高。

美国各级政府做好服务角色，围绕市场需求建立有效的支撑体系，为农业信息化创建发展环境。政府通过提供辅助、税收优惠和政府担保等优惠政策，刺激与引导资本市场运作，推动农业信息化的快速发展。在农业信息资源的管理上，形成了一套从信息资源采集到发布的立法管理体系，并注重监督，依法保证信息的真实性、有效性及知识产权等，维护信息主体的权益，并积极促进农业信息资源的共享。

美国在农业数据资源采集及存储方面采取以政府为主体，构建规模和影响力较大的涉农信息数据中心，全面采集、整理、保存了与美国及国际有关的大量农业数据资源。美国农业信息服务体系主要由4个主体构成：政府部门的农业信息收集发布系统；政府支持下的农业教育科研推广系统；融科研、生产、推广于一体的公司系统；以农场为主体的民间自我服务组织系统。

在农业信息化建设上，美国采取了政府投入与资本市场运营相结合的投资模式，从农业信息技术应用、农业信息网络建设和农业信息资源开发利用等方面全方位推进农业信息化建设。美国政府十分重视农业信息化网络基础设施建设，从20世纪90年代开始，美国政府每年拨款10多亿美元建设农业信息网络，进行技术推广和在线应用，农村高速上网日益普及。随着互联网和计算机技术的高速发展，美国利用自动控制技术和网络技术实现了农业数据资源的社会化共享。

此外，美国现代农业智能装备技术日趋成熟，农业决策支持系统得到广泛应用，有力地促进了农业整体水平的提高。美国农业装备迅速向大型、高速、复式作业、人机和谐与舒适性设计方向发展。美国农民可利用全球定位系统、农田遥感监测系统、农田地理信息系统、农业专家系统、智能化农机具系统、环境监测系统、系统集成、网络化管理系统和培训系统等，对农作物进行精细化的自适应喷水、施肥和撒药。

在美国政府完善的农业信息化体系建设下，大量涉农信息化企业应运而生。这些企业利用政府公开发布的农业大数据进行分析、预测并提供给农业生产者用于农场生产管理及精细化耕作，以帮助农场主提高生产效率。

第二节 日本模式

日本是发展应用型农业信息服务的典型代表。根据农业市场运营规则，日本政府建立了若干个专门咨询委员会，同时制定了较为配套完善的规章制度，约束市场主体的行为，促进市场有序运行。因地制宜发展地域农业信息系统，发展农产品电子商务，推进IT技术在农场中的应用，发展日本型“精准农业”。城市居民在网上选块土地，只要点击鼠标，网上播种、网上栽培、网上施肥、网上收获，这样按照自己意愿种植的有机蔬菜就可以端上自家的餐桌。这不是电子游戏，而是在日本开始兴起的网上农场。日本爱媛县松山市山西町的网络农场公司走出了一条用网络将城市与农村连接的远程农场发展之路。

日本农业以家庭经营为主，且多由老年人、家庭妇女劳作，虽有农协等农业组织牵头，但经营分散，抗风险能力差，农民收入不稳定。另一方面，城市居民需求多样化，不仅希望得到自己喜欢品种的稳定货源，更希望吃到放心的有机蔬菜，保障餐桌上的安全。而这正是网络农场发展的商机。

网络农场的经营模式是，消费者与农场签约租用农场的地块，支付租地费、种子费和快递费，之后就可以下单，在自己的地块上种植自己喜爱的农作物。消费者可以根据自己的爱好决定浇水、施肥、打药、收获的间隔，一般无须自己下地劳作。另一端，农场职工根据不同消费者的指令负责对农田的实际操作和经营管理。农场通过照片、视频等在网站公布农作物生长情况，让消费者随时能够观察到作物的长势。到作物成熟后，农场职工就会将收获的产品收割、打包，按时寄送到消费者家中。同时农场开设互换市场和网络商店，消费者可以用自己的产品与农场其他用户的产品互换，也可以将多余的产品在网络商店销售，收入全部归自己。万一由于气象原因，出现农作物减产，消费者也会承担风险，这种风险共担模式保证了农民的收入稳定性。研究报告称，日本网络农场一般联系50至100家城市居民，是比较理想的经营规模。

山西町网络农场主打特色是培育有机蔬菜，让消费者能够吃上安全、放心的有机蔬菜。农田不施化肥，完全使用有机肥料，绝对不使用农药，为防治病虫害，农场开发了用辣椒、大蒜、果醋发酵而成的有机农药。据说，这种农药已经成了该农场的招牌。不仅如此，网络农场也向城市居民提供亲近自然的机会，消费者在周末或假期可以到农场参加劳动，亲自照顾自己的农作物，并与农民交流，学习更多的农业知识。

农场负责人远藤忍说，日本传统农业是第一产业，农民只负责生产，耗时长、收入低，且收入极不稳定。此外，运输、销售等流通环节占去了大部分利润。网络农场同样是由农民劳作，但农民成了网络商业的另一端，他们提供的是根据消费者需求的农作物培育服务，实际是把第一产业做成了第三产业。

由于是定向服务，有机农产品价格偏高，在一定程度上限制了这种经营模式的发展。据日本总务省的家庭生活调查，两口之家的月平均蔬菜支出为5350日元（约合318元），而购买有机蔬菜的支出为6600日元（约合380元）。但为了食品安全，有些城市家庭是愿意支出的，这就是网上农场的客户群。如今网上农场的经营范围除了蔬菜外，还包括水果、稻米等品种。

日本农业产值只占GDP的1%，但网上农场为农业发展创造了一条新路。这种经营模式不仅解决了城市居民口粮、蔬菜的稳定性，也为农民的稳定收入提供了支撑。

第三节 德国模式

德国带动农业信息服务发展主要依靠关键技术的开发和应用，而且德国农业保护政策健全，联邦政府每年都有专项资金用于农业基本建设和农业补贴。

德国农民联合会的统计数据显示，目前一个德国农民可以养活144个人，这一数字是1980年的3倍。但要想长期解决全球饥饿问题，每个农民需要至少养活200人。这就需要更加高效、可持续的农业新技术。目前，德国正致力于发展更高水平的“数字农业”。

“数字农业”基本理念与“工业4.0”并无二致。通过大数据和云技术的应用，一块田地的天气、土壤、降水、温度、地理位置等数据上传到云端，在云平台上进行处理，然后将处理好的数据发送到智能化的大型农业机械上，指挥它们进行精细作业。

德国在开发农业技术上投入大量资金，并由大型企业牵头研发“数字农业”技术。据德国机械和设备制造联合会的统计，德国2014年在农业技术方面的投入为54亿欧元（约合394亿元）。在2015年的汉诺威消费电子、信息及通信博览会上，德国软件供应商SAP公司推出了“数字农业”解决方案。该方案能在电脑上实时显示多种生产信息，如某块土地上种植何种作物、作物接受光照强度如何、土壤中水分和肥料分布情况，农民可据此优化生产，实现增产增收。

拥有百年历史的德国农业机械制造商科乐收集团（CLAAS）与德国电信开展合作，借助“工业4.0”技术实现收割过程的全面自动化。他们利用传感器技术加强机器之间的交流，使用第四代移动通信技术作为交流通道，使用云技术保障数据安全，并通过大数据技术进行数据分析。

德国电信在两年前推出了数字化奶牛养殖监控技术。农民购买温度计和传感器等设备在养殖场安装，这些设备可以监控奶牛何时受孕、何时产崽等信息，而且可以自动将监控信息以短信形式发送到养殖户的手机上。

现代德国农民的工作离不开电脑和网络的支持。他们每天早上一开始的工作就是查看当天天气信息、查询粮食市价和查收电子邮件。现在的大型农业机械都是由全球卫星定位系统（GPS）导航系统控制。农民只需要切换到GPS导航模式，卫星数据便能让农业机械精确作业，误差可以控制在几厘米之内。

信息通信技术的发展也让农民的工作更加高效便捷。柏林的一家名为“365FarmNet”的初创企业为小型农场主提供了一套包括种植、饲养和经营在内的全程服务软件。该软件可以提供详细的土地信息、种植和饲养规划、实时监控以及经营咨询等服务。而且通过该软件可以方便地与企业的合作伙伴取得联系，以便及时获取相应的服务帮助。目前，德国农业数字化建设面临的一个重要问题是农村地区宽带覆盖率还不够高，尤其是德国东部农村地区。另外一个问题是数据安全。目前，并不是所有农民都愿意将自家农场的数据上传到网络，很多人对网络安全的可靠性仍持怀疑态度。

第四节 印度模式

印度发挥其软件发展的优势，抢抓机遇，从农业信息需求入手，富有特色。

开展农业信息化建设以来，印度一跃成为全世界软件业发展最快的国家，在世界银行的资助下，印度开始形成了一个地区性、全国性的农业信息化技术网络。印度的农业信息化革命开始于1988年，旨在缩小城乡差距。印度政府制定了一系列促进农村信息化发展的政策。在IT方面，电信部门提高了因特网站点建设水平；扩大宽带，在农村大力发展网吧、网亭计划，并对购买计算机和软件的农户减免个人所得税。在电信方面，政府设立了呼叫中心、广播和电视频道。一般而言，农民进行电话咨询是免费的。印度政府还开展国际交流合作，发展农业无线网络计划，这种网络通过开往农村的公共汽车向农民提供每天至少两次的农业信息和气象信息。此外，印度国家信息中心还建立了若干专业性的农业信息数据库系统，以帮助农民了解市场信息、预防自然灾害、提供农业信贷服务。

国外农业信息化也存在着个性差异。一是信息化建设模式不同，二是信息化建设的扶持方式不同，三是信息化建设的组织形式不同。

综合起来，国外农业信息化建设模式对我国有以下启示。

1. 关于农业信息化主体的多元化和服务形式的多样化。

农业生产经营者信息需求多样，需要多元化的信息服务主体提供多样化的信息服务内容。要通过国家政策引导支持、内外IT环境建设与保障，吸引社会力量参与到农业信息化建设中来。针对具有不同特性的信息产品，可考虑分别采用政府主导和投资、准市场机制、俱乐部形式和市场机制，以及与之相匹配的丰富的、个性化的服务措施和多样化的服务形式来实现。

2. 关于农业基础设施的信息化。

可考虑借鉴他国农业信息化的经验，注重农业基础设施的信息化建设。如在信息化基础设施建设方面，将信息通信网络设施、基础信息资源开发、农业信息化应用软件开发并重；在农业基础设施的信息化方面，注重农田基本建设、农作物种子工程、畜禽工厂化饲养、农产品贮藏等设施的信息化。

3. 关于农业信息技术科研、教育和推广的结合。

将农业信息技术的科研、教育、推广有机衔接，形成政府与涉农各界共同参与的多元化、多层次的信息服务格局，为农业信息化服务于农业经济发展实践的落地提供切实保障。通过多种途径和形式的传媒网络为农民经济活动主体获取农业知识、传播和推广实用技术、开展信息咨询服务提供手段和承载。

此外，农业信息化是涉及多部门、多领域、多行业、多学科的系统工程，要重视发挥政府的作用。同时，还要建立健全农业信息化法制建设，依法保证信息网络的高效畅通和涉农信息的真实与安全。

第六章

新农人电子商务面临的问题和挑战

第一节
阻碍新农人电子商务发展的原因

目前，农产品电子商务发展主要面临几大难题：规模偏小、标准化、缺乏较好的电子商务模式、物流成本高、客单价低。

一、整体规模偏小

阿里巴巴集团研究中心发布的《农产品电子商务白皮书》显示，淘宝网2010年涉及农产品的类目完成销售额37.35亿元，2011年攀升至113.66亿元。2012年，淘宝网增加了茶叶和生鲜水产两个大类目，销售额达到了198.61亿元。2013年，阿里平台上农产品销售继续保持快速增长，同比增幅达到112.15%，对应交易额约为421.3 亿元。截至2013年年底，淘宝网经营农产品的卖家数量达到39.4万个，淘宝网在农产品电子商务方面所取得的成绩是整个行业迅猛发展的缩影。除淘宝网外，中粮、京东、顺丰等不同领域巨头都在积极布局这一领域。中粮集团旗下的我买网于2011年开通生鲜频道，顺丰速运2012年跨界上线的电子商务平台顺丰优选也以生鲜农产品为主，易购等电子商务巨头也在2013年涉足生鲜电子商务领域。

据统计，目前全国涉农电子商务平台已超过3万家，其中农产品电子商务平台已达3000家。随着2014年中央“一号文件”首次提出“加强农产品电子商务平台建设”，业界预期农产品电子商务在2014年、2015年将得到快速发展。尽管发展迅猛，不过身处体量日益庞大的电子商务行业，农产品电子商务所占的比例还很小。作为国内电子商务标杆的淘宝网，2013年完成农产品交易额约421.3亿元，这个数字在淘宝高达万亿的年交易额面前显得十分渺小。2013年仅“双十一”当天，淘宝网的交易额就达到350.19亿元。根据国家统计局初步核算结果，2013年我国国民生产总值（GDP）达到56万亿元，其中，农、林、牧、渔业总产值是5.7万亿元。而据业内人士分析，目前农产品的网购渗透率仅仅在2%左右，相比服装、3C产品（计算机、通信、消费类电子产品，也称“信息家电”）等将近20%的渗透率，行业前景巨大。

二、标准化制约大规模流通

标准化是商品能够在电子商务市场上大规模流通的必要前提之一，目前农产品面临的首要问题就是标准化，但是我国农产品标准化水平程度不一。关系国计民生的大宗农产品，如面粉、玉米、棉花、菜籽等，经过几十年发展，大多已经形成了工业化流通的标准体系，但蔬果、鲜肉、海鲜等大多数农产品，目前仍以非标准化的状态存在，难以在电子商务平台上形成规模流通。作为非标准品，一些农产品的采购、物流、销售等环节，与目前成熟的标准品电子商务业务完全不同。“中华新农人联盟”发起人、农产品电子商务研究者魏国峰认为，在供应链的前端，农产品源头货源不具备规模化，商品标准化程度低。多数产品没有品牌化运营的基础，从而无法进行系统的包装和营销，不能满足流通市场的需求。网上卖的农产品是需要经过标准体系认证的，有认证才能销售，如绿色标准、有机标准等，这是电子商务市场的流通规则，也是硬性门槛。然而现实是，大部分国内的农业生产者都是小农户，他们没有这个意识去给自家生产的农产品做质量认证。有的农户有这样的意识，但要么被高昂的认证成本吓退，要么找不到简单易得的认证途径，因而无法实现认证。

国内农产品的标准化问题，导致了国内农产品价格偏低。2013年，天猫预售的美国车厘子，13天订单额就达1500万元，预售的阿拉斯加野生海产也获得消费者的热情追捧，这些产品都来自国外。由于发达国家农业现代化、集约化程度高，加上良好的食品安全信誉度，各大电子商务网站在拓展生鲜品类时，首先会考虑引进国外的农产品。

三、电子商务模式有待提高

在供应链的前端，农产品标准化程度低成为流通的首要问题。而在供应链中端，单一农户又难以形成规模化的货源，缺少既懂农业又懂电子商务的专业人才和服务机构对货源进行组织。小农户怎样才能让自己种出来的东西走进电子商务渠道呢？在货源和渠道的两端，需要一根管道进行撮合连接。一些地方组织专门的电子商务公司提供本地农产品电商服务，成为可以借鉴的方式。例如，成立于2011年的遂网电子商务公司，隶属于浙江丽水遂昌县网店协会，如今已经成为农产品电子商务业内小有名气的综合服务商。遂昌县有着优越的自然环境和丰富的农特产品资源，遂网电子商务公司成立的目的是为了整合资源，集中采购、发货、品质控制、仓储，打通产品和销售之间的通道。遂网公司搭建的麦特龙分销平台，将县域内各个合作社的优质农产品做成产品包放到平台上，而后将信息发布给有合作关系的网商会员以供他们销售，麦特龙负责统一配送和物流。遂昌县网店协会拥有1800多个网商会员，200多家网货供应商，10多家包括物流、快递、银行等在内的第三方服务商。遂昌县的农产品电子商务模式解决了两方面的需求：种出来的东西能卖掉，是农民的需求；收购来的东西能在市场上有竞争力，这是电子商务的需求。

四、物流成本偏高

由于生鲜农产品的独特性，在配送过程中，冷库自然必不可少，同时还必须要有冷藏加冷冻的混合配送车辆，以及冷藏周转箱及恒温设备。我国的冷链运输水平较发达国家仍有差距。据统计，目前国内仅有7万多辆冷藏车，平均2万人有一辆，而日本有15万辆左右，美国有25万辆左右，平均800~1200人就拥有一辆冷藏车。中国物流与采购联合会冷链物流专业委员会秘书长秦玉鸣曾表示，要接近发达国家的冷链运输水平，国内至少需要60万辆冷藏车。

生鲜电子商务的核心就是物流，降低损耗率，提高配送体验，控制物流成本。生鲜电子商务很有前景，但是必然经历艰难的过程。由于缺乏满足自身配送要求且保证服务质量的第三方物流公司，大多数生鲜B2C网站采取了自建物流的策略，也就是所谓的“电配一体化”，“沱沱工社”“顺丰优选”等业内领先的生鲜电子商务平台都是自建物流的践行者。不过，自建物流随之而来的问题是，一旦规模扩张，开展跨区域经营，势必加重物流建设成本。一个冷库的建造成本从几百万元到上千万元不等，投入较高但辐射区域有限。此外，冷库的运营成本也非常高，一个1000平方米的冷库一年的电费就要100万元左右。对电子商务平台来说，与第三方物流公司合作比较合适，社会化、专业化的冷链物流队伍成为整个农产品电子商务急需的资源。

五、客单价低

客单价是每位顾客平均购买商品的金额。大众水果、蔬菜、禽蛋、肉食这些产品本身的价格就比较低，加上产品附加值不高，导致客单价较低，盈利能力不强，这是多数生鲜电子商务难以逾越的门槛。而高端生鲜市场，能够相应地提高客单价，但受众很少。数据显示，目前生鲜电子商务客单价如果低于200元，抵扣物流成本和流通损耗后，将是一笔亏本的买卖，另一方面过高的客单价又会打击消费者的购买热情。

第二节 农产品进入市场的渠道难寻、竞争激烈

以现货交易为主的农产品网络交易平台上海五鑫农产品交易网上线前试运营了一个月，成交额仅4000万元。按照企业收取千分之六的中介费算，仅入帐24万元。而该公司已经为此项目投入

了1.56亿元，如果持续维持这样的效益，难以支持企业长期运作。

目前，我国农产品传统交易渠道复杂，环节繁多，流通成本过高。按照目前的流通渠道，以蔬菜为例，从农户或合作社出发，经过各地收购商、大型农产品产地市场、产地批发商、销地批发市场、销地经销商，到达消费者手中时，价格至少比农户出售时翻了一番。而通过农产品网络交易平台可以省掉中间渠道，实现从合作社到终端销售市场的直接对接，通过网络交易平台可使农产品价格至少降低30%。同时，平台还有优化农产品资源配置、节省农产品物流费用等优点。事实上，农产品电子商务要想成功尚需解决标准化、质量管控和市场主体对接的问题。

农产品标准化是农产品电子商务的重点和难点，无法标准化就很难实现线上交易。虽然电子商务是大趋势，但是农产品标准化的道路漫长且艰难。农产品质量管控也是横亘在农产品交易平台前的一大难题。作为食品安全第一责任人，电子商务平台必须控制好网上所售农产品的质量安全，一旦平台做大，企业就必须投入大量精力保障食品安全。如何将多而散的农户以及消费者对接好也是一大难题，虽然目前国内已经有部分农业合作社等形式，但是超过七成的农产品仍由散户提供，而消费市场上最末端的消费者也是数量庞大且分散，如何对接好需求两端是一大难题。

农产品电子商务需要让消费者从商品背后的故事、种植基地、采摘体验、物流体验、可追溯、供应链可视化等维度全程展现。农产品电子商务如何产生流量是大家都关注的问题，从需求上讲，这个市场还属于培育期。“基地整合+营销+流量+交易+

供应链服务+口碑营销”，这个闭环是农产品电子商务缺一不可的。当前不少农产品电子商务存在重大的经营管理误区，认为工作中心在“营销+流量+交易”三项，仅重视“电”而忽视了“商”。其实要真正实现盈利，关键在“商”，农产品电子商务后端服务的角色没有做好，前端的营销、流量都只能是噱头。忽视对基地的整合是当前农产品电子商务面临的问题，很多农产品电子商务仅仅是以定向采购方式与基地合作，谈不上打造战略协同的供求关系。以市场导向来指导基地有计划地种植产品，在国内还仅仅是一种远景。采购基地的整合，其商业价值不仅仅是质量的保证，更是品牌化、集约化采购和需求协同的重要方式，是降低成本、降低风险、获得利润的重要手段。

2013年，是电子商务高速发展的一年。调查统计，我国电子商务市场已名列全球第二。预计2015年，我国电子商务市场规模有望超过美国成为世界第一。电子商务已在深刻改变着各行各业。作为立国之本的农业正悄然发生着变化，农产品电子商务成为管销新模式。

农产品质量安全是当前又一备受关注的热点问题。近年被媒体曝光的“毒生姜”“毒韭菜”等食品质量安全事件，一定程度上已引起了消费者的恐慌。但由于劣质农产品的危害具有隐蔽性、累积性等特点，这个问题解决起来难度很大。从理论上看，解决质量安全问题最好的办法是由生产者提供具有显示性的质量安全信号，主要有创建品牌和建立质量可追溯体系两种办法。但对于我国分散经营的小农户来说，创建品牌和建立可追溯体系都很难实现，所以农产品质量安全成了一个老大难问题。

农产品电子商务平台的发展为解决质量安全问题提供了全新的契机。首先，电子商务具有低成本的聚集效果，能在农户分散生产的情况下实现建立统一的品牌及可追溯体系，并且电子商务本身具有交易过程可查询、可追溯的特点，有助于强化质量信号。其次，电子交易可以方便地进行质量细分，在网上实行区别报价，通过“优质优价”的原则鼓励农户生产优质农产品。最后，电子商务平台还可建立客户打分、评论等互动机制，最终通过大数据技术实现对原本隐蔽的农产品质量的挖掘和显示。

第三节 农产品直接对接消费者的利与弊

近年来，随着中国农业逐步产业化，优质农产品的产销问题成为新的关注点。如何根据消费需求开拓更广阔的市场，如何突破农产品销售的物流瓶颈成为农业电子商务发展不可回避的大问题。传统的农产品尤其是许多特色农产品大部分局限在产地周边，进入大市场和大流通的渠道出现脱节。所以，拓宽农产品的销售渠道、实现生产基地和消费市场的对接，将是发展的重点。实现农产品农户生产与市场销售的有效对接是长期困扰农业发展的重要课题之一。纵观农业的电子商务研究，无论是政府主导型的政府与企业之间的电子政务（G2B）与政府与公众之间的电子政务（G2C）模式，还是涉农营销企业为主体的B2B、B2C或B2B2C模式，目的都是实现两个市场的对接，即产品市场和消费市场的对接，这就是所谓的 M2M（Marketing to Marketing）模式，这里面的第一个“Marketing”更多地强调营销机构间的互动交流、实现对接。无论是农业种植户还是一些规模化的种植基地，都存在着一个问题——如何抽出精力来了解行情、关注价格、发现市场和销售产品。而作为第二个“Marketing”主要是消费端的反馈和调整。随着信息化进程的不断推进，通过电子商务的方式建立起能适应大市场信息传递和交换需要的现代农产品产销市场服务体系已经成为农业发展的现实选择。

信息流的不通畅，必然导致其他流通出现问题，才会导致蔬菜低价卖不出、市民消费高价菜的奇怪现象。因此，如果采用“农产品经纪人+服务站+网站”的运营模式，企业或者个人将产品委托给一个营销机构或个人（中间代理人），营销机构或者中间代理人通过信息共享模式，互动匹配交易。营销机构是电子商务网站以客户需求为核心建立的营销型站点，中间代理人可以与营销机构建立合作关系，通过线上和线下多种渠道对产品和服务进行推广，通过站点为企业提供重要营销渠道。

信息流的问题如果能够解决，将对农产品的流通提供重要的参考坐标。简单说，如果在全国以省、市、县为单位，在县内建立10个以上的信息服务站，农业经纪人将信息上传于当地的信息服务站，整合当地的农业信息，在买卖双方交易后以收取少量的佣金为收益。这对于盘活农产品的电子商务具有一定的参考价值。此外，为使电子商务更好更快地发展，加强农产品电子商务的标准化和品牌化建设迫在眉睫。

第四节 新农人面对“电子”与“商务”如何兼备

“三只松鼠”的成长极具代表性。

星星之火，可以燎原。但是，章燎原自己也不曾想到，他能将坚果之火燎原到全国市场。在他看来，这是互联网给他带来的成绩：2012年2月，章燎原在芜湖市成立安徽“三只松鼠”电子商务有限公司（以下简称“三只松鼠”）；上线仅65天就成为全国坚果类食品网络销售第一名；2014年全年销售额突破10亿元；2015年全年销售收入突破25亿元。

章燎原中专毕业后，不到20岁就开始“闯江湖”。在那个年代，他经历过几次不成功的“创业”：摆地摊、开冷饮店、卖VCD、开摩托车。直到2003年，他进入安徽詹氏食品股份有限公司后，事业开始有了起色。在这里，章燎原一干就是9年，从一名业务员做到营销总监、总经理职位。在这期间，他成功创建一个网络核桃品牌“壳壳果”，2011年销售额达到2000万元。这让章燎原意识到，互联网能够帮助他建立起全国性的品牌。

2012年初，章燎原开始创业，“三只松鼠”在芜湖市一间百余平方米的小区民房里成立，成立仪式是一顿六菜一汤的家宴。

在场的5名员工是章燎原通过网络招聘来的，“三只松鼠”除了章燎原这个人，什么都没有。况且，与坚果行业知名电商相比，“三只松鼠”没有任何优势。而与曾投资过百度、搜房、土豆的美国国际数据集团（IDG）资本不期而遇让章燎原有了些底气。不过，这份偶遇也缘于他的不断坚持。他很早就注册了博客和微博，通过网络发表大量关于电子商务的文章，这吸引了IDG资本合伙人李丰对“壳壳果”的关注。离职之后，章燎原靠着一个10页的PPT，用30分钟的演讲获得IDG资本150万美元的天使投资基金。

既然要做电商，章燎原觉得名字要像一个人一样能与消费者沟通，人们看到松鼠会自然联想到松子，联想到坚果。

“为什么三个火枪手、三只小猪能够带给人长久记忆，因为‘三’这个数字中国人都喜欢。”章燎原认为，没什么人会拒绝可爱乖巧的小动物，于是公司就取名“三只松鼠”，章燎原自称“松鼠老爹”。

名字好听固然重要，不过，摆在创业者眼前的问题是如何让顾客认可并下单购买。“松鼠老爹”想到了一个“卖萌”的主意。在“三只松鼠”里，“松鼠老爹”第一次把顾客叫作“主人”，这也让“松鼠老爹”感到肉麻。

此后，他们不仅与“主人”交流，甚至还向“主人”撒娇。创业初期，章燎原当了两个月的客服人员。“我给客服的使命是你不是卖东西，是在聊天，聊得用户爽就可以了，不以成交为目的，这也是秘诀之一。”他说。

成立时，“三只松鼠”还没有市场。但章燎原认为，当时在互联网上卖坚果还很初级，相当于20世纪80年代在批发市场卖东西，缺少品牌。

怎么让“三只松鼠”成为品牌电商？章燎原选择了在淘宝上做广告。2012年8月的前20天，章燎原在淘宝上投了近60万的广告，销售额只完成80万。但他认为这能带来点击量和购买量，果然，2012年8月25日，上线的第65天，在天猫坚果类目销售跃居第一名。

在“三只松鼠”PAC总裁事务中心助理总监、“鼠政委”潘道伟看来，“三只松鼠”成功的一个秘诀就是“把用户当主人，把主人真正当主人”。“做消费品，有一句话很重要，就是你要服务的对象是谁。”潘道伟对《中国城市报》记者坦言，不管企业未来怎么发展，关键要不忘初心。

“‘三只松鼠’的核心理念是真正关心用户的体验。”潘道伟称，“在产品上，‘三只松鼠’通过互联网进行销售，砍掉了中间商的环节，为主人节省了购买成本，在购物体验上，他们会随产品赠送开箱器、开口器、湿巾等体验品，为主人创造良好的使用体验。”张女士多次在“三只松鼠”上购买食品，她对“三只松鼠”的评价蛮高。她说：“这里的坚果不仅好吃，而且种类齐全，包装美观，一些随赠的小礼物也让人觉得很贴心。”

创业初，道路总是遍布荆棘，“三只松鼠”亦然。互联网让“松鼠们”尝到了甜头，也给他们带来了巨大压力。2014年元月，天猫“腊八节”出现互联网年货抢购热潮，当天，“三只松鼠”的销售额高达2000多万元，半个月内销售量竟然达到1.6亿元。面对“疯狂”的订单，“三只松鼠”出现发货能力不足、缺货等严重问题。网络上消费者不满的声音扑面而来。天猫甚至用“天猫投诉第一”来评价“三只松鼠”。面对当时的危机，章燎原做出一个重要决定，如果消费者年前不能收到货，就按订单金额30%进行赔偿。他知道必须给消费者一个诚挚的歉意：建立安抚小分队，立即给所有没收到货的客户打电话表达歉意。

虽然事后总计赔偿了81万元，但在章燎原眼里是有价值的。“互联网可以让你以最快的速度走向巅峰，也可以瞬间让你跌入深渊、粉身碎骨。”章燎原感受到互联网的魅力所在和可怕之处。

2014年对“三只松鼠”来说是重要的一年。不仅遇到过危机，也收获了喜悦。那年11月，“三只松鼠”搬进了超过5万平方米的松鼠集团芜湖产业园。但在“三只松鼠”公司一楼大厅的墙壁上，“要么第一，要么灭亡。”一行标语显得很醒目。

创业面对的危机让“三只松鼠”创业者意识到产品品质和物流的重要性。而核桃、碧根果等产品同质化是坚果行业无法回避的话题。怎么才能获得主人的芳心？潘道伟告诉记者，“三只松鼠”的重点是通过“松鼠云质量系统”把控产品品质。“如果只卖一个人一袋坚果，可以选一个品种里品质最好的坚果，如果卖给10万人或者1000万人，没办法做到是最好的，那么就会选品质达标、稳定性最好的坚果。”潘道伟说。

2015年9月，“三只松鼠”又获得3亿元融资，这些资金将重点用于“三只松鼠”的物流分仓建设。2014年已经新建沈阳、济南、武汉、南昌四大分仓，加上原有的芜湖、北京、成都、广州四大仓，“三只松鼠”目前已在全国建成八大智慧化仓储物流基地。

芜湖仅是安徽省东南部的一个地级市，对于互联网创业者来说，这里显然没有多少优势。“三只松鼠”为何会选在芜湖？章燎原告诉记者，投资人也曾有过相似的疑惑。与北上广深等地相比，芜湖虽然地理位置不佳，且互联网环境不发达，但“三只松鼠”的创业者相信这并不是最重要的。作为创业者，章燎原在芜湖打拼过多年，芜湖招商引资的态度是“三只松鼠”在这里“安家”的一个原因。芜湖市商务局电子商务科副科长对《中国城市报》记者解释称：“芜湖是商贸城市，整体发展环境比较好，出台很多支持创新创业的政策。”

“尽量满足企业的发展需求，如果暂时满足不了的话，也会创造条件来满足。这是我们应该做的事情，企业发展好了，地方经济自然好了。”后西经的话很朴实，却足以说明当地对企业发展的支持。

章燎原也毫不掩饰“三只松鼠”未来的全球野心：“从‘三只松鼠’坚果，到全国零食，到最后实现全球食品。”对于“三只松鼠”取得的成绩，“三只松鼠”的投资人之一、今日资本合伙人、总裁徐新这样说过：“‘三只松鼠’是一个很奇葩的公司，成长了三年，销售收入做到20多亿，而一个传统的行业卖着坚果，做着这样一个量级可能要30年，大部分的公司都在北上广深这样高大上的地方，而‘三只松鼠’在芜湖这样的地方也能把事情给办了。”

现在“三只松鼠”发展前景不错。据了解，目前“三只松鼠”主要经营品类包括坚果、干果和休闲食品等，拥有300多个供应商，国外采购产品涉及美国、澳大利亚、肯尼亚、伊朗等10多个国家，国内采购的省份达20多个，干果主要来自新疆，坚果主要来自浙江、广东。

尽管取得了不错的成绩，但“三只松鼠”的创业者还不满足。他们提出更明确的目标：打造国内休闲零食第一品牌，到2020年要成为一家年销售额超过100亿元的新型互联网企业。

章燎原还畅想过未来场景：多年后，爱琴海边上有一大片葡萄园，葡萄成熟一个月之前，网上预售。“主人”通过网络可以看到葡萄生长以及果农如何采摘和包装，空运到中国的松鼠物流仓，再快递到家。

在“大众创业，万众创新”的浪潮下，“松鼠”们抓住了互联网时代的机遇。或许，没有互联网，“三只松鼠”不可能在短时间内取得这么好的成绩。但创业成功不是偶然的，“松鼠老爹”在安徽詹氏9年的积淀让他了解坚果甚至食品行业；安徽省以及芜湖市对创新型企业的扶持，让“三只松鼠”有了发展的土壤；重视产品质量，把顾客当主人的经营理念让“松鼠”们能受到“主人”的喜爱。这些是“三只松鼠”成功的必备条件。正如“鼠政委”所言，抓住机会很重要，拥有让机会延续的能力更重要，企业要长期发展还要保持正确的经营策略。

“三只松鼠”目前已有超过2000人的团队，团队建设的要求越来越高。由于不在大城市，吸引高端人才因素不够。好在“松鼠老爹”及其团队正通过住房等多种形式的福利召唤优秀的“松鼠”们“入巢”。在“大众创业，万众创新”的时代，“三只松鼠”成功了，但他们还在呼吁，希望政府能够更加关注小微电商企业的发展，真正考虑他们的实际需求，为这些企业创造一个更为宽松的发展环境。

“沱沱工社”的发展也为新农人电子商务提供了宝贵经验。

“沱沱工社” 定位更偏向于农产品电子商务，跟其他几家生鲜电子商务的同行在产品上有很大的差别，其主要做的还是肉禽、蛋奶以及蔬菜，在模式上坚持从农场到冷链配送，以B2C、企业级的B2B、包括移动等手段获取用户。由直营农场和联合农场统一提供货源，除了北京平谷自营农场外，在全国还有8个联合农场。经过一系列调整删减，“沱沱工社”现有2600多SKU（库存量单位），日订单数在2800～3000，2013年营业额7700万元，较2012年的2350万元增长了227%，盈利460多万。由于其物流投入有限，当前主要精力还是在北京市场，北京六环以内可以实现次日送达。该地区市场销售比重也占到全部销售额的80%。

在传统行业一个很常见的现象就是企业经营者在决策的过程中，很多时候是凭借自己多年来的经验感觉做出决策。作为“沱沱工社”的掌舵人，杜非的决策主要依据的就是数据，整个团队都是用一套IT的方式、数据化管控的方式、精细化管控的方式降低风险的，通过一套缜密的数据分析计算工具，来实现科学决策，同时形成新的农业种植计划。

在营销推广方面，“沱沱工社”并没有做大面积投放，而是根据自身特点和市场承受能力，线上做精准投放、线下营销通过农场会员活动和社区活动进行，让会员体验和感受有机生活，对企业用户的员工做营养课程培训等。如此一整套运营体系，成本节制的效果最为明显，用户转化、留存度以及复购率颇为可观。

据悉，“沱沱工社”50多万注册会员（非企业用户），除掉部分礼品会员，复购率还有65%，其中留存下来的会员购物频率约每月2.5次。

生鲜电子商务要减少成本，最重要也是最具挑战性的环节是降低损耗。损耗主要来自种植损耗、储存损耗、加工损耗 、配送损耗及滞销损耗五个方面。一个需要自由呼吸的蔬菜和水果，市场周期是7天，叶菜3天。为了降低损耗，“沱沱工社”把零售业的库存考核直接引入到生鲜电子商务库存管理中，当这个商品是叶菜的时候，市场就是3天，过了1.5天后马上处理，变价抛售，这是他们缩短库存管理的重要手段。另外，商品引入的时候要考核损耗率。

节约资源，降低损耗方面还有新招。“沱沱工社”在河北曹碑店的一个联合农场，正在做“立体工程”的尝试。在水系改造后，鱼塘可以养鱼、螃蟹，水面养鸭子。其“立体化循环经济”工程，在损耗比较高的时候，就直接把废料做成饲料，喂家禽和家畜。残渣倒进发酵池用来做沼气，用完了还可以喂蚯蚓，当叶肥。

2014年春节前后，“沱沱工社”的订单量出现爆发式增长，但由于其冷供应改造并未完成，仓储能力、冷藏能力、配送能力都很有限，“沱沱工社”不得不控制增长节奏，除了市场推广配合增长节奏外，还进行了一系列品类调整，将原来5000SKU减少到2000多SKU。但这并不意味着“沱沱工社”在品类策略上将减法进行到底，其只是在非冷链的品类在物流跟不上的时候做减法，该环节改善后，未来会考虑在有机、安全并与餐桌相关的品类上做加法。“沱沱工社”主攻中产阶级以上的消费群体，“中产”并不只是收入定位，更多的是一种对生活有高品质要求的态度定位。除了独立B2C平台外，“沱沱工社”还入驻了天猫、京东这些第三方平台，并成为这些平台生鲜类目中的佼佼者，时常被邀请参加促销活动，效果也很不错。尽管如此，在做了几次促销后，“沱沱工社”主动叫停促销，同时也多次拒绝第三方平台的促销邀请。

“遂昌模式”是一个由地方政府、行业协会、企业、农户多方参与的模式。其特点一是以“协会+公司”的地方性农产品公共服务平台和农产品电子商务服务商的定位探索解决农村（农户、合作社、农企）对接市场的问题。二是推出“赶街——新农村电子商务服务站”，以定点定人的方式，在农村实现电子商务代购、生活、农产品售卖、基层品质监督执行等功能，让信息化在农村得到更深入的对接与运用。

随着电子商务的蓬勃发展，各地电子商务协会满地开花，遂昌电子商务协会的实质是农产品电子商务公共服务平台，自负盈亏。“协会+公司”的性质，使二者合体。遂昌县网店协会成立于2010年3月，主要承担平台公共服务项目；浙江遂网电子商务有限公司成立于2011年3月，主要承担协会旗下增值服务项目。

2010年3月成立遂昌县网店协会，当时考虑培训能帮助就业创业，又能把当地农产品卖出去。2010年协会就帮助遂昌把网店开到了上千个。到2010年年底盘点，协会会长潘东明却很受挫，因为做得好的网店微乎其微。怎样才能走出困局？他们想到一个模式：建立一个服务平台，在平台上配置单个网店不能解决的问题。由平台去规划、营销、推广，让农民回归种植、养殖，让开网店的人回归到店铺运营。网商自己只需要担任客服，其他都可以交给协会平台整合和分配资源，如四五家店需要一个设计师，就由平台聘用一个设计师来服务，节省成本。

目前，协会有30多种盈利模式。一是网上培训，其中一对多的公共服务是免费的，如对1600多网商会员免费培训，由协会或协会、政府共同出资；一对一的增值服务是收费的。二是和供应商谈好返利，集中采购、发货、品控、仓储，目前拥有200多家网货供应商，10多家包括物流、快递、银行等在内的第三方服务商。协助供应商开发产品、组织与举办网上活动、组建公共数据包等。平台专职工作人员160多人，2013年协会收入400多万元，协会会员销售总额达2.1亿元。协会明确职责，只提供中间服务，帮网商开拓销路，自己不开店。专门进行与供应商的沟通、采购、配送，网商的培训和咨询服务，专业对接平台资源、政府关系、第三方服务商等，这样的思路引发了连锁反应。《人民日报》《中国青年报》《新周刊》，甚至国外媒体等纷纷报道，2013年学“遂昌模式”的就有230多家，2014年预计达到500家，协会已经成立一个接待部，高峰时每天接待三四批。“遂昌模式”将农业、电子商务、就业创业、欠发达地区关键词集一身，获得政府大力支持。以阿里为代表的平台很重视，平台最烦恼的就是谁来负责食品安全和碎片化网商整合，通过协会找到了上千家供应商，拉到政府支持，把大伙拉到一条船上去，绑定在一起。遂昌县人民政府与阿里巴巴集团淘宝网签订战略合作协议，成为中国首个网商线下安全保障机制试点县。三是引来线下超市采购。如考虑到产品全、专业度高、公信力好、沟通顺畅，沃尔玛直接联系协会采购。

“遂昌模式”可以复制，但需要政府看重、专人跟进，这样才能落地。如遂昌从下至上制定农产品标准，首先必须在行业领先，才有话语权。然后晋级为由国家标准化管理委员会成员制定和优化标准。“特色中国”遂昌馆的成功，与遂昌政府的介入和支持密不可分。

“遂昌模式”的成功给我们以下三点启示。首先，做农产品电子商务不等于农民开店。一村一店不现实，那是不了解农村的人提出的。农产品电子商务不鼓励农民开店，应由专业的人做专业的事。其次，物流难题不等于自己去建物流。自建物流对于整个网购消费者市场来说无疑是一件好事，无论电子商务是从自身利益出发，还是从挤占快递竞争者的角度出发，最终受益的是消费者，商家和消费者之间的信息交换更加频繁和透明，不仅增进了消费者的满意度，也使电子商务企业不断地进步提高。但是，对于电子商务企业自身来讲，自建物流存在的资金、人才、与第三方物流商的关系等问题都抬高了电子商务行业的门槛。随着大型电子商务企业物流体系的逐步完善，电子商务行业将面临洗牌和激烈的竞争，实力不强或没有自己核心竞争力的电子商务企业将逐渐被市场淘汰。最后，协会不等于公益组织。只有盈利，才有驱动力；只有增长，才会激发能动性。用协会的心态、公司的模式去运作，平等对话，实现多赢。

“谷绿农品”的成长轨迹也有一定意义。“谷绿农品”在2009年3月成立，创始人王安平当时是浙江大学经济学的在读硕士生。他和伙伴在黑龙江五常找到了优质大米，打算做有机农产品的销售。但是有机农产品和传统农产品一样，在流通方面存在某些限制，传统的产品销售，假如没有响亮的品牌，其渠道多数是依靠经销代理。“谷绿农品”前期所拥有的产品不过几款，都是五谷杂粮。销售依靠线下的一些代理商，或者直接和超市合作，产品更多是以礼品的形式卖出去的。此外，与其他线下产品一样，为了推广和宣传，“谷绿农品” 每年都会参加各处的展销会和农产品博览会，也会参加某些团购活动，但总体收效不大。

2010年年底，“谷绿农品”开始筹备转型做电子商务，逐渐将线下的一些销售渠道砍掉，仅保留一些常规销售。2011年年初，“谷绿农品”正式入驻天猫商城，大米和杂粮虽然是非标准化的产品，但经过包装后，依据包装规格的大小，实际也是某种意义上的标准化。这时，“谷绿农品”由原先的5人创始团队增加为13人的团队，原先的五谷杂粮产品也上升为28款有机农产品。

传统的农产品市场，产供销之间并非是完全接通的，有时候销售和生产的断裂会造成库存的积压，而电子商务恰好可以弥补这一点。入驻天猫仅一个月，“谷绿农品”有了爆发式的增长，第一个月的销量近20万元。有机农产品在网络上的第一次爆发增长，并不意味着可以迅速规模化。因为有机农产品是非标准化的产品，不同于服装电子商务，追求标准化与规模化，自建工厂是其扩张的第一步。倘若服装中某一款式受欢迎，工厂还可以追加生产。但农产品是非标准化的产品，就算是大米，南北差异也很大，这种产品在自然环境以及生产方式上具有很大差别，也不可能无限追加。

事实上，利用网络进行农产品销售，多数情况下，因为农产品的跨地域原因，很多当地的生产方是依靠与物流企业合作，通过网络第三方平台将本地的农产品输送出去的。这种O2O的模式，可以扩大当地农产品的销售渠道，但与生产方和销售方之间仍然是脱离的，农产品依旧分散，并且规模较小。在2011年淘宝的某次“聚划算”活动中，“谷绿农品”的有机糙米日销售额超过了20万元。而2012年有机追溯码的推出则让有机产品的市场趋于成熟和规范。

“谷绿农品”在天猫开设旗舰店一年多后，开始在线上拓展渠道，先后入驻1号店、京东商城、当当网和腾讯旗下的拍拍网等。与此同时，先前保留的一些常规的线下代理商也开始活跃，“谷绿农品”从线下走到线上，2012年又开始经过代理商入驻线下的商城，包括杭州大厦、万象城以及北京的国贸大厦都有它的专柜，江沪浙地区也有一些代理商在活动。

如果说传统农产品通过第三方平台进行网络销售是O2O模式的话，那“谷绿农品”倒是可以视为一个垂直的农产品B2C电子商务。目前“谷绿农品”的常驻员工有70余人，整个团队分为6个中心，分别是生产、物流、行政、销售、采购和设计中心。生产中心负责将农产品经过基地当地的加工后运输过来，会在杭州进行二次加工和更精细的包装。“谷绿农品”的包装都是采用最直观的、透明简单的盒子，这样的包装适合进行零售，也适合进行配送。“谷绿农品”的十多个基地区域不同，季节变化也不同，产品也不同，涉及的产品保鲜、物流配送情况都较为复杂。

谷类杂粮在南方地区一般从5月开始就会长虫子或者发霉。

有机产品本身不添加任何化肥和杀虫剂，所以，夏天“谷绿农品”一般会将粮食存放在冷藏室，配以冷藏标签。2—3月是“谷绿农品”的淡季，5月之后一直到年底是旺季。根据淡旺季的销售情况，王安平他们会将谷物原料保存在原产地，根据销售需求进行加工，再发往杭州的电子商务物流部。

第七章

新农人电子商务搭建平台的建设

第一节
建立电子商务平台的优势

建立电子商务平台有许多优势。首先，利于解决流通环节过多的问题。流通环节过多、流通成本居高不下制约农产品产销。农产品流通环节从在农村一线收购的经纪人和商贩，到库存商和物流商，再到批发市场分销零售商，都需层层加价，而且有越往后加价幅度越高的趋势，零售环节“最后一公里” 的问题尤为突出。农产品从田间地头到消费者手中，价格可能翻了好几倍，消耗了生产者和消费者的利益。农产品流通各环节，除了零售摊位和货架具有自然的稀缺特性外，整个过程并没有明显的垄断，完全可以自由进入。所以农产品流通的问题，主要还是由我国农业经营的特点导致的，即我国小规模的农业生产与消费市场的对接存在难度。即使是普遍推崇的“农超对接”，也存在超市进场费用高、货款回收慢等弊病，并未能很好地解决小农户与大市场的对接难题。

因为通过电子商务平台可以以较低的成本将小农户分散生产的产品聚集起来，这种聚集并不需要实物的移动，而只需将农户的出售信息汇总起来就能达到效果。如果进一步展望，当农产品电子商务高度发达时，还可以实现由农户直接向消费者发货，跨过前述农产品流通的诸多中间环节，当然这需要完善的物流体系来支撑，尤其是生鲜产品需要冷链物流的支撑。电子商务可以大大缩减农产品流通的中间环节。

其次，有利于解决价格过度波动的问题。农产品价格波动大，其中一个原因是供给反应存在滞后，农户根据价格上涨或下跌决定扩大或缩减生产，但农作物的生长还需要一个自然周期。农产品流通环节过多还会导致价格信号失真，使农户与消费者之间出现信息不对称的情况。如在零售环节，消费者付出的价格已经很高了，但经过中间环节的层层过滤之后，在农户那里出售的价格可能并不高，影响了农户扩大生产的积极性；或者在农户那里售价已经很低，甚至宁可烂在地里也不去采收，但经过多道中间环节后，零售价却并不低，打消了消费者增加购买的意愿。农产品电子商务的发展可以在很大程度上解决价格信息不对称的情况。除了缩减农产品流通环节外，电子商务平台还可实现每一笔交易详情全程公开，农户和消费者都可以明白地看到从最初收购到最终零售每一个环节的价格，从而使市场中各类主体可以及时准确地决策，充分发挥价格信号的引导作用，最终减缓农产品价格的波动。

据统计，在全国3.1万家涉农网站中，电子商务网站3000多家。各网站经营形式有以下5种。一、农产品网上期货交易。2013年，农产品网上期货交易品种达到16 个，交易额达31.53万亿元。二、大宗农产品电子交易。现在农产品建立的相关大宗商品交易平台包括酒类、 农产品、林产品、牧渔产品等10多个行业。其中，农产品网上交易市场161家，酒类17家，交易额超过10万亿元。三、粮食网上交易十分活跃。据国家统计局资料，2012年全国有亿元以上粮食交易市场111个，交易额达到1641.26

亿元。据中国粮食行业协会统计，2013年国家粮食局系统有粮食市场65家，网上交易额接近2000亿元。四、政府部门组织网上对接交易会。商务部、农业部、中华全国供销合作总社等部门组织网上产销对接交易会。商务部夏冬两季组织农产品网上交易会，交易额达到839.33亿元。五、各类农产品网络零售模式。2013年，生鲜农产品电子商务得到迅速发展，生鲜农产品成为第四大类网上热销产品。如淘宝注册地在农村（含县）的网店达到203.9万个，比上年增长24.9%，交易额超过500亿元。京东生鲜农产品网络零售交易额超过 100亿元。

第二节 电子商务平台建设面临的困难

一、农产品信息缺乏专业性、精准性和及时性

现在的农产品信息普遍存在着小、散、乱的问题。据初步统计，当前的农业类相关网站数量已经超过4万家，其中政府主持的超过4000家。但研究发现这些网站有43.8%属于“僵尸站”，几乎没有信息更新。还有一部分信息是利用采集器发布的，同一时间可以更新上千条供求信息，这些信息与其他网站雷同，有效的信息并不多，反而增加了农民获取有用信息的难度。

二、缺少门户网站、精品网站，千网一面

我国农业网站数量多，但缺少居行业领导地位的权威网站。农业网站各自为战，难以形成精品和规模。虽然我国农业网站发展迅猛，但网站总体规模显然满足不了我国农业和农村经济发展的需要。现有农业网站页面复杂，使得互联网水平不高的农民搜索新闻困难；农业网站互动性不强，用户的参与渠道尚不够健全，缺少农民与网站信息发布人员、农民与专家之间的互动。网站只是相应机构的信息发布平台，没有形成以客户为中心、以服务为宗旨的网站平台。2014年农产品电商数量还在不断增加，接近4000家，但存在突出的问题：趋同投资、重复建设非常普遍，同质化严重，导致竞争无序，亏损经营，建站与关站并存。近几年来先后出现很多倒闭的生鲜农产品电商的案例，如小农女（微信卖菜）、优菜网、谊万家、济南买菜网、上海天鲜配、福州家百福等，也有自动下线的永辉半边天。在现有的农业网站中，几乎没有一家农业网站具备类似新浪等综合网站的社会知名度，能让农村干部、农业专家、农户挂在嘴边的农业网站寥寥无几。

三、平台运作成本高昂

大多数农产品商品价值较低，运输成本较高，超过商品成本的100%甚至更多。因此，从某种意义来说，农产品电商不仅没有降低其流通成本，甚至会增加其流通成本，这是导致其价格上涨的一个重要因素。涉农电商不仅没有降低成本，提高效率，相反增加了成本，甚至拖累了企业的发展。目前国内农产品电商接近4000家，但仅有1%盈利，另外的7%巨亏，88%略亏，4%持平。

四、农产品安全性低，制约平台发展

许多农产品的安全性不高，农药残留、激素残留等不安全因素还大量存在，“三品一标”产品数量及其比例较低。这些问题都困扰着农产品电商的发展，如何找到适合自身发展的成功路径，是所有企业需要思考的问题。国家工商总局公布的2014年下半年网络交易商品定向监测结果不尽如人意。在监测完成的92批样品中，其中有54个批次的样品为正品，正品率为58.7%。其中，淘宝网正品率最低，仅为37.25%。化肥农资样品正品率仅为20%，严重影响了我国农产品质量。

五、营商环境有待改善

当前农产品电商市场是“寡头市场”，除了阿里系、京东系外，其他农产品零售电商主要受两大电商影响，优质优价农产品电商的优势难以发挥，特别是具小众特色电商难以得到正常发育。

第三节 逐步形成的电子商务无线移动终端

据统计，现在各大网站的访问量中来自移动终端的已经占据了70%以上。以智能手机为代表的移动互联网的如下一些特点非

常适合农产品电子商务的发展。

一、无须固定办公，易于普及

移动电子商务的出现意味着当用户执行电子商务，如电子银行、购买物品、下载歌曲、玩游戏时，不再需要枯坐在计算机前，而仅需要一些移动手持设备，如平板电脑、手机等即可实现。作为一种变革性的技术，移动终端使人们即使在没有物理连接的时候，也可以随时随地访问信息。人们想购买某种商品时，可能因为没有时间、没有机会去实体店购买；或看到某样商品却想多了解相关信息，这时都可借助移动电子商务来实现。移动电子商务这种无处不在的技术，通过数据信息和资源，扩大了实体空间。

我国智能手机的价格迅速下降，现在购买一部性能优越主流配置的智能手机只要千元左右，而买一台电脑一般需要3000元左右。即使在部分经济比较困难的农村地区购买一台智能手机也算不上一笔大开支，所以智能手机在农村的普及也非常迅速。现在在中国新购置的手机几乎全部是智能手机。

二、立即处理事务

消费者不仅可以在移动的状态下工作、开会、旅行、社交及进行购物等活动，而且可以在移动状态下满足其及时产生的需求，获得视听信息、图文信息、定制信息和相关服务。

现在各大网站都开发了相应的手机APP功能，例如有针对淘宝卖家的牵牛，方便用户交流的微信和QQ等，可以实时发布供求信息的58同城和赶集网等，这些 APP在手机里面常驻运行，在有信息到达时可以及时提醒用户，用户不需要守在电脑旁边，对用户的其他工作基本不会造成影响。用户可以利用碎片化的时间完成一些相关的互联网信息的处理，又不干扰自己的正常工作，极大节约了人力成本。综上所述，智能手机这个终端天然地适合农民这样的生产流动群体。现在，连阿里巴巴都在研发淘宝卖家手机，这充分说明了市场对移动商务终端的期待和需求。农产品的独特性要求移动终端的功能强大、使用便捷，通过移动商务终端可以直接实现农产品的实时信息发布，包括产品描述、产品图片、供求概况以及合作社介绍、联系方式等信息的全方位发布，卖家和买家可以通过语音输入和地图定位，直接查询到最近、最新的农产品供求信息。

三、相互连通

具有相同位置或者兴趣的用户，可以通过文本消息和移动聊天的方式连接到一起，广告商可以通过这种途径促销商品，以期望订阅者能回答和接受他们的信息。

手机的普及可以直接实现手机对手机的端对端连接，包括数据库的建设以及产品库的发布和推广，都可以帮助农民有效解决不愿意使用电脑和不愿意束缚在电脑旁的根本问题。所有的买卖和信息发布都可以通过手机来实现，这本身就是对现有电子商务模式的根本性变革。移动互联网的普及，智能手机的大众化，对农产品电子商务是一次难得的发展机遇，建立和完善新的农产品网络渠道，并开展围绕网络渠道的一系列服务，才是电子商务服务企业需要努力的方向。移动互联网也有其不足之处，智能手机对信息处理能力也不如电脑那么强大，通过智能手机发布到网上的图片或者视频还略显粗糙。如果想更加精美地专业化展示自己的农产品，智能手机暂时不能满足这个要求。

四、携带方便，容易掌握

便携式的手持设备，大部分可以随身携带，不再受时间和空间的限制，并且可以随时随地通过移动电子商务应用浏览喜欢的网页及处理一些事务。用户可以通过移动终端具有的照相功能等，保存商品的外形、公司地址、饭店和宾馆的信息、银行细目、支付和信用卡详情，以及安全信息。同时这些都可以在人们需要购物或者签订合同时通过移动终端进行传递和确认。智能手机体积小，方便携带，随时随地可以访问网络，农民朋友在田间地头就可以及时获取和发布信息，这对于提高农产品销售的时效性有很大的好处。而且智能手机都有拍照和摄像功能，农民在互联网上发布信息或者与他人交互信息时，可以非常直观地展示自己的农产品。

第八章

如何建立农产品的网络营销网

第一节
农产品网络营销模式

网络营销根据其实现方式有广义和狭义之分，广义的网络营销指企业利用一切计算机网络进行营销活动，而狭义的网络营销专指国际互联网营销。

从营销的角度出发，网络营销可以定义为：是建立在互联网基础之上，借助于互联网来更有效地满足顾客的需求和愿望，从而实现企业营销目标的一种手段。网络营销不是网上销售，不等于网站推广，网络营销是手段而不是目的，它不局限于互联网，也不等于电子商务，它不是孤立存在的，不能脱离一般营销环境而存在，它应该被看作传统营销理论在互联网环境中的应用和发展。

网络营销产生于20世纪90年代，随着互联网影响的进一步扩大，人们对网络营销的理解进一步加深，以及出现越来越多网络营销推广的成功案例，人们已经开始意识到网络营销的诸多优点并越来越多地通过网络进行营销推广。

网络营销不单单是一种营销手段，更是一种文化，信息化社会的新文化，引导媒体进入一个新的模式。网络营销是21世纪最有代表性的一种低成本、高效率的全新商业形式，是以互联网为核心平台，以网络用户为中心，以市场需求和认知为导向，利用各种网络应用手段去实现企业营销目标的一系列行为。虽然网络营销以互联网为核心平台，但也可以整合其他的资源形成整合营销，比如销售渠道促销、传统媒体广告、地面活动等。

互联网拥有其他任何媒体都不具备的综合营销能力，网络营销可进行从品牌推广，到销售，到服务，到市场调查等一系列的工作，包括电子商务、企业展示、企业公关、品牌推广、产品推广、产品促销、活动推广、挖掘细分市场、项目招商等方面。

常用的网络营销方法除了搜索引擎注册之外，还有搜索引擎营销、网络广告、来电付费营销、交换链接、信息发布、整合营销、邮件列表、许可邮件营销、个性化营销、软文推广、博客营销、微博营销、会员制营销、病毒性营销，等等。下面是一些常用的网络营销方法及效果。

1. 交换链接

交换链接又称互惠链接，是具有一定互补优势的网站之间的简单合作形式，即分别在自己的网站上放置对方网站的logo或网站名称并设置对方网站的超级链接，使得用户可以从合作网站中发现自己的网站，达到互相推广的目的。交换链接的作用主要表现在几个方面：获得访问量、增加用户浏览时的印象、在搜索引擎排名中增加优势、通过合作网站的推荐增加访问者的可信度等。更重要的是，交换链接的意义已经超出了是否可以增加访问量，比直接效果更重要的是业内的认知和认可。交换链接要注重对方网站的质量度，交换链接主要是通过工具查看对方网站的网页级别（PR）、快照日期、收录数量、关键词排名等信息。

2. 网络广告

几乎所有的网络营销活动都与品牌形象有关，在所有与品牌推广有关的网络营销手段中，网络广告的作用最为直接。

3. 信息发布

信息发布既是网络营销的基本职能，又是一种实用的操作手段，通过互联网，不仅可以浏览大量商业信息，还可以自己发布信息。最重要的是将有价值的信息及时发布在自己的网站上，以充分发挥网站的功能，比如新产品信息、优惠促销信息等。

4. 许可邮件营销

基于用户许可的邮件营销比传统的推广方式或未经许可的邮件营销具有明显的优势，比如可以减少广告对用户的滋扰、增加潜在客户定位的准确度、增强与客户的关系、提高品牌忠诚度等。开展邮件营销的前提是拥有潜在用户的邮件地址，这些地址可以是企业从用户、潜在用户资料中自行收集整理，也可以利用第三方的潜在用户资源。

5. 邮件列表

邮件列表实际上也是一种邮件营销形式，邮件列表也是基于用户许可的原则，用户自愿加入、自由退出，稍微不同的是，邮件营销直接向用户发送促销信息，而邮件列表是通过为用户提供有价值的信息，在邮件内容中加入适量促销信息，从而实现营销的目的。邮件列表的主要价值表现在四个方面：作为公司产品或服务的促销工具、方便和用户交流、获得赞助或者出售广告空间、收费信息服务。邮件列表的表现形式很多，常见的有新闻邮件、各种电子刊物、新产品通知、优惠促销信息、重要事件提醒服务等。

6. 个性化营销

个性化营销的主要内容包括：用户定制自己感兴趣的信息内容、选择自己喜欢的网页设计形式、根据自己的需要设置信息的接收方式和接收时间等。个性化服务在改善顾客关系、培养顾客忠诚度以及增加网上销售方面具有明显的效果。据研究，为了获得某些个性化服务，在个人信息可以得到保护的情况下，用户才愿意提供有限的个人信息，这正是开展个性化营销的前提保证。

7. 会员制营销

会员制营销已经被证实为电子商务网站的有效营销手段，许多网上零售型网站都实施了会员制计划，几乎已经覆盖了所有行业。

8. 网上商店

建立在第三方提供的电子商务平台上、由商家自行经营网上商店，如同在大型商场中租用场地开设商家的专卖店一样，是一种比较简单的电子商务形式。网上商店除了通过网络直接销售产品这一基本功能之外，还是一种有效的网络营销手段。从企业整体营销策略和顾客的角度考虑，网上商店的作用主要表现在两个方面：一方面，网上商店为企业扩展网上销售渠道提供了便利的条件；另一方面，建立在知名电子商务平台上的网上商店增加了顾客的信任度，从功能上来说，对不具备电子商务功能的企业网站也是一种有效的补充，对提升企业形象并直接增加销售具有良好效果，尤其是将企业网站与网上商店相结合，效果更为明显。

9. 病毒性营销

病毒性营销并非真的以传播病毒的方式开展营销，而是通过用户的口碑宣传网络，信息像病毒一样传播和扩散，利用快速复制的方式传向数以千计、数以百万计的受众。病毒性营销的经典范例是：几乎所有的免费电子邮件提供商都采取类似的推广方法。

10. 来电付费营销

按接到客户有效电话的数量进行付费，英文为“Pay-PerCall”，是在欧美国家出现的一种广告推广计费新模式，实现策划不收费，展示不收费，点击不收费，只有广告主接到客户有效电话后才收取相应费用。也就是说，按来电付费，是一种真正意义上的按效果付费的模式。

11. 网络视频营销

通过数码技术将产品营销现场实时视频图像信号和企业形象视频信号传输至互联网上。客户只需上网登录公司网站就能看到对公司产品和企业形象进行展示的电视现场直播。视频与互联网的结合，让这种创新营销形式具备了两者的优点。

12. 论坛营销

论坛营销就是企业利用论坛这种网络交流的平台，通过文字、图片、视频等方式发布企业的产品和服务的信息，从而让目标客户更加深刻了解企业的产品和服务，最终达到宣传企业品牌、加深市场认知度的网络营销活动。

13. 网络图片营销

在各大论坛上看到以图片为主的帖子，这些图片中多少也参有了一些广告信息，比如：图片右下角带有网址等。

14. 博客营销

博客营销是通过博客网站或博客论坛接触博客作者和浏览者，利用博客作者个人的知识、兴趣和生活体验等传播商品信息的营销活动。与传统营销相比，博客营销具有目标更为精确、营销成本较低、广告具有交互性、是一个信息发布和传递的工具等特点。

15. 网络品牌营销

企业或个人或组织机构利用互联网为媒介，利用各种网络营销推广手段进行产品或者服务的推广，在消费者心目中树立良好的品牌形象，最终把企业的产品或服务推广出去满足消费者的需求，同时实现企业自身的价值，这就叫做网络品牌营销。

16. 电子杂志营销

电子杂志营销是以电子杂志为载体的一种营销方式。电子杂志是一种非常好的媒体表现形式，它兼具平面与互联网的优点，且融入了图像、文字、声音等元素来呈现给读者，是很享受的一种阅读方式。

17. 数据库营销

所谓数据库营销就是企业通过收集和积累会员（用户或消费者）信息，经过分析筛选后，有针对性地使用电子邮件、短信、电话、信件等方式进行客户深度挖掘与关系维护的营销方式。数据库营销的核心是数据挖掘，而网络营销中的数据库营销更多的是以互联网为平台进行营销活动。

18. IM营销

IM营销又叫即时通信营销，是企业通过即时工具IM帮助企业推广产品和品牌的一种手段，常用的有以下两种情况：第一种，网络在线交流。中小企业建立网店或者企业网站时一般会有即时通信在线，这样潜在的客户如果对产品或者服务感兴趣自然会主动在线与商家联系。第二种，广告。中小企业可以通过IM营销通信工具，发布一些产品信息、促销信息，或者可以通过图片发布一些网友喜闻乐见的表情，同时加上企业要宣传的标志。

19. SNS营销

SNS营销就是利用SNS网站的分享和共享功能，在六维理论的基础上实现的一种营销。通过病毒式传播的手段，让产品被更多的人知道。

20. RSS营销

RSS营销是指利用RSS这一互联网工具传递营销信息的网络营销模式，RSS营销的特点决定了其比邮件列表营销具有更多的优势，是对邮件列表的替代和补充，RSS营销的送达率几乎为100%，完全杜绝未经许可发送垃圾邮件。

21. 搜索引擎营销

搜索引擎营销，是英文Search Engine Marketing的翻译，简称为SEM。以搜索引擎为平台，以调整网页在搜索结果页上的排名从而给网站带来访问量为手段，针对搜索引擎用户展开的营销活动。利用用户检索信息的机会尽可能将营销信息传递给目标用户。简单来说，搜索引擎营销就是基于搜索引擎平台的网络营销，利用人们对搜索引擎的依赖和使用习惯，在人们检索信息的时候尽可能将营销信息传递给目标客户。

22. 微博营销

人人都可以在新浪、网易等注册一个微博，然后更新自己的微型博客。每天更新内容就可以跟大家交流，或者发布大家感兴趣的话题，这样就可以达到营销的目的，这样的方式就是微博营销。

23. 免费试用营销

免费试用营销是一种非常有效的营销方式，通过免费试用企业的新产品不仅可以提高品牌的知名度，还可以达到口碑营销的效果，所有免费试用的用户都将是后期的回头客户，会达到其他方式意想不到的营销效果。

24. 网络事件营销

网络事件营销是指策划某一个跟企业有关的可热议的话题或事件，通过网络预先发布出去产生网络热议，从而把企业品牌推销出去。不管这类事件是否真的是有组织有预谋的团队策划，但是它们在网络上传播迅速，引起了网友极高的关注度，在网络上制造了相当规模的舆论。网络氛围在变，网络热点在变，网络营销随之改变宣传的话题热点和方式。

第二节
农产品网络营销策略延伸

过去的农产品销售主要是通过博览会、广告宣传、名人代言等来进行，网上销售不是重视不够，就是点击率不高，现成的各类电子商务网站上有关农产品的销售信息过少，也不成气候。

这些年来虽然这种局面有所改观，但总体来看，网上销售农产品的网站设计和内容单一、服务功能简单、品牌建设落后、缺乏有效的营销策略和执行。在这种情况下，网上销售农产品多是应景、应急之作，难以真正见到长效。有鉴于此，针对农产品尤其是有机农产品的特点，把搜索引擎营销、网络事件营销、视频营销、微博营销、微信营销、漫画营销、网络图片营销、论坛营销等结合起来立体推出。一般来说，投入不超过30万元的经费预算，就能够吸引7000万乃至上亿目标受众的关注。

具体参考方案如下。

立体营销方案的整个框架，应该包括行业分析、消费市场分析、品牌现状分析、创意方案、内容策略、媒介策略、时间安排、执行监控、效果评估、费用预算、危机处理等方面。既可以自己派专人从事这项工作，也可以交给一些专业机构来为你处理。

下面以《中国经济导报》刊登的《2013年农产品网络整合营销套餐》赢道顾问网络整合营销方案为例，说明如下。

（一）5万元预算的立体营销方案

1. 媒体报道40篇，每篇发布5家指定媒体、5家转载媒体，同时发布到30家论坛。

2. 发表论坛推广大帖20篇，每篇发布到50家论坛，20条热帖（单条浏览量超1万）。

3. 百度知道、搜搜问问总计30条。

4. 百科词条2个、百度文库30篇，锁定热门关键词。

（二）10万元预算的立体营销方案

1. 媒体报道80篇，每篇发布到5家指定媒体、5家转载媒体，同时发布到30家论坛。

2. 发表论坛推广大帖40篇，每篇发布到50家论坛，30条热帖（单条浏览量超1万）。

3. 百度知道、搜搜问问总计50条。

4. 百科词条4个、百度文库50篇，锁定热门关键词。

5. 漫画10幅（四格漫画、微漫画），每幅发布到50家论坛。

6. 微博维护1个，100篇原创微博，互动2000次，粉丝1万。

7．关键词搜索优化2个，锁定目标消费群体的热门词，搜索首页出现企业推广信息。

8．5次以上策划方案支持。

（三）15万元预算的立体营销方案

1．媒体报道120篇，每篇发布到5家指定媒体、5家转载媒体，同时发布到30家论坛。

2．发表论坛推广大帖50篇，每篇发布到50家论坛，40条热帖（单条浏览量超1万）。

3．百度知道、搜搜问问总计100条。

4．百科词条6个、百度文库100篇，锁定热门关键词。

5．漫画10幅（四格漫画、微漫画），每幅发布到50家论坛。

6．微博维护1个，200篇原创微博，互动1万次，粉丝2万。

7．网络视频1段，发布到6家视频网站及100家论坛、100个微博小号。（微博小号是与微博主号相对而言的，相当于“子公司”。微博小号的注册与微博主号一样，一个人可以注册多个，相互之间没什么直接关系。微博小号主要用来抒发一些不想让朋友知道的心情和感慨，以及刷粉丝之用。微博小号是微博营销的主要方式之一，可以利用微博小号给予主号的影响力进行信息传播，从而达到营销的目的。）浏览量超过50万。

8．关键词搜索优化4个，锁定目标消费群体的热门词，搜索首页出现企业推广信息。

9．7次以上策划方案支持。

（四）20万元预算的立体营销方案

1．媒体报道150篇，每篇发布到5家指定媒体、5家转载媒体，同时发布到30家论坛。

2. 发表论坛推广大帖70篇，每篇发布到50家论坛，50条热帖（单条浏览量超1万）。

3. 百度知道、搜搜问问总计200条。

4. 百科词条10个、百度文库150篇，锁定热门关键词。

5. 漫画20幅（四格漫画、微漫画），每幅发布到50家论坛。

6. 微博维护1个，500篇原创微博，互动2万次，粉丝4万。

7. 网络视频2段，发布到6家视频网站及200家论坛、200个微博小号，浏览量超过100万。

8. 关键词搜索优化6个，锁定目标消费群体的热门词，搜索首页出现企业推广信息。

9. 9次以上策划方案支持。

《舌尖上的中国》的热播，给商家带来很多机会，也引来一场不小的争议。《舌尖上的中国2》发布官方声明，除与天猫和豆果网签约进行联合推广，其他商家并未获得授权，不排除采取法律手段追责。这是电商与媒体互动的成功范例。

很多商家借《舌尖上的中国2》开展相关营销活动，确实取得了不错的效果，否则商家也不会冒着侵权的风险去推广。但对比来看，与官方合作的平台能够获得更多资源，与消费者的互动也更加明显，关键就在于场景的营销。天猫与《舌尖上的中国2》的合作效果非常好，给相关商家带来了大量的订单，其他电子商务的效果似乎一般。《舌尖上的中国2》节目组帮助筛选商品和商家，出现在电视节目里的相关商品，在天猫就能够直接购买到原型，消费者也就能“所见即所得”。而其他商家出售的相关商品，产品看上去可能是一样的，但未必就是出现在电视里的商家，消费者自然会在心里打上一个问号。消费者为什么要去买那款商品呢？因为受到了电视节目的影响。他们有购买的决心，自然希望能够买到原型，而不是看上去一样的商品。食品是非常有讲究的，同样的商品不同的厂家，味道也许就会有天壤之别。所以，当电视节目播出相关食品后，天猫上的卖家就会收获大量订单，因为卖家就是电视节目中的卖家，可以买到跟电视上一样的美味，这就是电子商务与媒体的互动结果，营造了一个完全一样的场景，能够促使消费者产生购买行为。根据官方的数据，仅仅一个周末的时间，就有540多万人次访问了天猫《舌尖上的中国2》独家合作页面，其中手机访问是PC端的5倍。这就意味着，很多人是一边看电视一边用手机来购买的，这是电视屏和手机屏的互动。这种互动的本质，就是有一个同样的场景，能够让消费者有同样的购买欲望，而不仅仅只是同样的主题。或者可以说，其他的电子业务渠道只是打出一个广告，而天猫是打造了一个完整的场景，两者有着本质的区别。

未来农业营销需全面对接O2O模式。所谓O2O就是Online to Offline，也就是说将线下商务的机会与互联网结合在一起，让互联网成为线下交易的前台。这样线下服务就可以用线上来揽客，消费者可以用线上来筛选服务。成交也可以在线结算，很快达到规模。最重要的一点是：推广效果可查，每笔交易可跟踪。整体来看，O2O模式运行得好，将会达成三赢的效果，对本地商家来说，O2O模式要求消费者网站支付，支付信息会成为商家了解消费者购物信息的渠道，方便商家对消费者购买数据的搜集，进而达成精准营销的目的，更好地维护并拓展客户。通过线上资源增加的顾客并不会给商家带来太多的成本，反而带来更多利润。此外，O2O模式在一定程度上降低了商家对店铺地理位置的依赖，减少了租金方面的支出。对消费者而言，O2O模式提供丰富、全面、及时的商家折扣信息，能够快捷筛选并订购适宜的商品或服务，且价格实惠。对服务提供商来说，O2O模式可带来大规模高黏度的消费者，进而能争取到更多的商家资源。掌握庞大的消费者数据资源，且本地化程度较高的垂直网站借助O2O模式，还能为商家提供其他增值服务。

在以电子商务为主导的农产品流通模式下，以销定产的C2B预售模式显示出了优越性。基于电子商务的预售模式汇聚了全国乃至全世界各地的原产地农产品，并通过网络预售定制模式减少农产品中间环节，对生产者和消费者都不无裨益。当生鲜农产品尚未收获时，就提前在网上售卖，收集完订单后，农民才开始采摘，安排发货。这样的预售模式让产地能够按需供应配送，大大降低农产品的库存风险、生产成本和损耗。消费者由此也能够获得最新鲜、性价比最高的原产地农产品。以天猫预售平台“喵鲜生”为例，2013年完成水产品销售2.6亿元。生鲜类目是使用预售方式最多的农产品，销售1.98 亿元，占比76%，其中，车厘子/樱桃为最大预售单品，完成4532万元的销售额。除此之外，聚划算、淘宝“特色中国”等平台也密集开展了各类生鲜农产品的预售活动，包括新疆葡萄、云南鲜花和松茸、山东樱桃、贵州茶叶、千岛湖有机鱼等区域性特色农产品也都创下了惊人的销量。整个行业中，农产品的预售模式已经越来越普遍，各种规则和服务也越来越走向成熟。

部分农产品在需求上表现出了很强的周期性特征，如粮、油、牛奶等，它们已经成为消费者必不可少的日常需求。在传统的流通模式中，消费者需要定期去市场或超市进行采购。在电子商务环境下，则有条件使这件事变得更加便利。在2013年“双十一”购物节活动中，针对上述有周期性需求的农产品，天猫尝试推出了“周期购”模式，消费者可以一次性采购半年或者全年的粮、油、奶等商品，而后卖家根据约定，按周或按月给消费者配送粮油产品。通过这种销售方式，消费者省却了日常频繁下单的麻烦，卖家或供应商也可以有针对性地调配库存，并为施行订单农业提供了基础和条件。

第三节 如何在多种渠道的网络环境中聚集忠实消费者

网络营销更容易进入高端市场，商品总是从高端市场向低端市场流行的，这样的流行趋势更容易打开市场。即使是高档产品如有机蔬菜，如果放在超市里卖，消费者仍然会将信将疑，很难卖得出高价钱；更不用说许多高端消费者并不去菜市场买菜，他们可能更习惯于网上购物。而走网上销售农产品这种高端路线，跳过一切中间环节，给消费者的感觉会更可靠，也更容易达成交易。

广州田鲜贸易有限公司走的就是这样一条路线。2005年，中国香港人陈峰开始从事把中国内地的蔬菜出口到中国香港、英国，并且在云南、广东等地拥有5000亩专门供应出口的蔬菜基地。由于陈峰是香港人，所以他对香港市场尤其是高端蔬菜市场的发展潜力十分了解，同时也想拓展内地市场。2011年初，陈峰接到全国知名人力资源综合服务供应商广州锦田顾问服务公司董事长吕基富的邀请，合作把内地蔬菜销往香港。2011年8月，他们和另外3名投资者一起创办了广州田鲜贸易有限公司，主要从事农产品的种植、加工、贸易、进出口、物流等业务。简单地说，就是把原来用于出口的高品质蔬菜销给国内的高端家庭用户及企业用户。同年8月，他们推出了“田鲜蔬菜革命网”平台，正式开始从事网上销售业务。为了打开品牌、确保质量，田鲜公司专门聘请全球最大的认证公司——瑞士通用公证行（SGS）为自己进行第三方检测，为此他们选择云南、宁夏、甘肃等专门种植出口蔬菜的几个基地。为了创新，他们推出了按月、季度、半年度、全年的优惠套餐。在每种蔬菜的购买页面上，消费者都可以了解到这种蔬菜的产地，并查阅第三方检测报告。

田鲜公司相信，现在的消费者越来越精明，也正在逐步走向成熟。他们或许过去上过许多当，但 SGS的检测报告应该还是具有较高说服力的。从全球来看，虽然每个国家的蔬菜质量认证程序不同，但总体上可以分为美国、欧盟、日本三大标准。其中，香港是按照欧盟标准来进行检测的，而欧盟标准就是通过 SGS认证的。换言之，我国内地的蔬菜只有通过SGS认证，才能进入香港和欧洲市场。

那么，SGS又是怎样进行检测的呢？每隔两个月，他们就会到蔬菜生产基地进行实地检测，每一批出口的蔬菜都必须提供这批蔬菜的检测证书，否则就无法走出国门。而现在，田鲜公司销售给我国内地的高端蔬菜当然是不用走出国门的，但由于同样要经过SGS这种严格检测，这样就很好地满足了国内一些高端消费者的消费需求。尤其是在目前我国消费者对国内农产品污染顾虑重重的宏观背景下，这种检测在树立消费者信心方面会起到相当大的作用。从检测内容看，主要是两大块：一是重金属污染，二是农药污染。每一批蔬菜检测后都要写检测报告，并公布在网上。毫无疑问，能够达到以上标准的蔬菜，生产成本必定居高不下。除了土壤、品种、方法之外，更主要的是要有良心。尤其是土壤不能有一点点污染，否则质量恐怕就很难达标。而所有这些，都注定了即使是网络直销，这样的高端蔬菜价格也不低，消费面会受到限制。这种做法实际上和麦当劳是很相似的。麦当劳本身并不种植蔬菜，可是麦当劳采购的所有蔬菜的种子、种植标准、质量标准、生产环节都是由麦当劳掌控的，并且需要通过第三方认证机构提供检测报告。这样既保证了蔬菜质量，又便于麦当劳集中精力做好自己该做的事。

要想把网上销售农产品做大，在外地建立农产品直销中心是个好办法。这个直销中心就像航空母舰，开到哪里就把本地的农产品销售触角拓展到哪里，加强在该地区的销售力量。上海的常住人口有2400万，超过许多小国家，每年的瓜果蔬菜需求量高达600万吨，50%需要由省外供应。海南农产品看中了这一点，海南的绿色无公害果蔬、海产品、热带水果、茶叶等，在上海农产品销售市场上已经占有一定的比重，新鲜瓜果蔬菜在上海的年销售量高达22万吨，农产品加工品在上海的年销售额高达3000万元，发生了从量到质的转变。2013年10月，继北京、沈阳后在上海开设的第三家农产品直销中心正式开业。这家海南品牌农产品上海直销配送中心拥有200平方米的展示中心，展出了海南树上熟木瓜、红心火龙果、澄迈福橙等特色水果，兴隆咖啡、椰子糖、椰奶等农产品加工品，以及野生红鱼、鱿鱼、石斑鱼等海产品，开业就吸引了不少上海市民前来参观和购买。上海人说，以前只知道海南有椰子、杧果、海鲜等，不知道还有这么多好东西。

海南品牌农产品上海直销中心共有海南60多家品牌企业的600多个品牌产品，与上海农工商超市等60多家超市、酒店和供应商达成供货协议，并且在当地建设了网上销售平台，目标就是瞄准上海的高端消费市场。这是因为，上海是国际大都市，高端消费群体多，通过来自上海市场的信息反馈，会更有助于提高海南的农业生产标准，从而走上良性循环的发展轨道。

海南接下来还将继续在成都、天津、武汉等地建立这样的品牌农产品直销中心，争取三年内覆盖全国所有省会城市。决心不可谓不大，对海南农产品网上销售的促进效果也是可以预见的。

从2011年1月起，浙江台州市农副产品配送中心就与市供销社系统第一家电子商务网站 “山海一品”联合，在淘宝网上开设了农产品专卖店。消费者只要登录淘宝网，点击“山海一品”网店，就可以买到台州的农产品。该市农副产品配送中心一共组织了来自该市30多个合作社的300多种中高端农副产品，一方面是网上销售，另一方面是实体销售，两者齐头并进、相得益彰。

为了改变过去农产品销售不畅的局面，该市从2009年起在杭州建立台州农产品直销中心，2010年又在上海西郊国际农产品展示直销中心专门建立台州馆，接下来就是2011年在淘宝网站上开设专卖店。至此，台州的农副产品在全国各大城市都建立了销售网络，仅仅在上海就有30多个销售专柜。而所有这些举措都是为了促进当地农产品在外地的销售，提高知名度和美誉度。

第四节 网络营销农产品过程中的注意事项

任何经营模式都应当把追求效益放在第一位。只有社会效益、没有经济效益或者总是入不敷出的项目，如果确有必要，也应当是政府操办的事。网络营销农产品目前总体上还属于新生事物，基本处于叫好不叫座的发展阶段。所以，无论是农民组织还是个人，都应当把追求经济效益放在第一位，这是必须牢记于心的。资料表明，目前我国的涉农网络平台至少有3000家。但由于农产品流通环节过长，损耗过多，生产销售信息不对称，尤其是缺乏相应的法律法规，所收货物与所订货物不完全一致的情形时有发生，这些网上交易平台的信誉还有欠缺，真正盈利的平台并不多，或者说效益很一般。而这又反过来制约着农产品网上销售进一步向纵深发展。

其中存在的问题，主要表现在以下两点。

第一，中听不中用。农产品网络销售平台中有许多是中听不中用的，说起来很好听，但其实派不了什么大用场。以2011年在我国兴起的微博为例。许多农民尤其是年轻、文化程度高的人，当时着实利用各种微博工具在销售农产品方面花了一番大功夫，但真正能收到实效的还是很少。正面的例子是，2011年5月四川盐边县瓜农注册了一个“攀枝花人卖西瓜”的微博，很快就有了2000多人的粉丝队伍，销售量节节攀升。当地一家超市看了这条微博后曾经主动联系博主，签下了120吨的大单。随后，众多微博名人、媒体以及当地政府便纷纷跟进，盐边县西瓜滞销的局面顿时消失得无影无踪。

这样一次通过微博叫卖西瓜大获成功的案例，让许多后来者看到了希望，以为这是一条捷径。然而，这样的成功案例并不多。就在同一时期，山东莱州女孩王哲注册了“姜农微博卖姜”的账号，内蒙古乌兰察布土豆种植户李维文、云南小黄姜种植户张传金、湖北团风县柿子种植户漆建国和胡彩斌夫妻等，都在通过这种方式推广自己的产品，减轻滞销压力，但效果不尽如人意。李维文的微博粉丝3天内便突破1500人，他曾经在一天中就接到20多个电话，但主要是咨询和建议，真正谈生意的很少。他说微博营销情况不理想，更新一周左右就懒得继续宣传了。

第二，有人买不敢卖。有人买不敢卖是指虽然你的标价不高，可是对于消费者来说却是价格低了还想再低。有些网购的价格看上去不错，可是扣除了物流费用后利润就所剩无几甚至亏损，这让卖主左右为难。

正如你能想象的那样，农产品在城里的需求量确实非常大，消费者从农民手里直接进货的价格至少可以打个七折，既新鲜又便宜，何乐而不为呢？但实际成交量往往就是上不去，原因就在于农业生产与农产品周转环节脱节。福建茶农苏小姐过去也在淘宝网上开过“香韵茶业”网店，但开业半年就停业了，高昂的物流费用是最大障碍。再以内蒙古自治区出产的土豆为例。如果是运到距离最近的大城市北京，快递费用就要每斤2元，同样要远远高出土豆种植成本；而如果采取其他物流方式，虽然价格只要每斤0.2至0.5元，但要消费者到当地邮局或货场去自己提货，这样消费者又不愿意了。所以对于网上成交的土豆订单，农民都不愿意发货，得等到有了足够的量再统一寄送。除了运费太贵不能承受之外，大客户要货的要求之苛刻也会让人望而却步。李维文说，他就曾经接到过大收购商的要货电话，一开口就要几十吨，这对他来说当然是好事，但过于苛刻的要求使他望而却步。例如，对方要求每颗土豆必须净重6~8两，并且要有包装。可是如果真的这样卖，剩下的那些个头小的土豆他又能卖给谁呢？这样的交易即使收购价在1元以上，总账还是要亏本的。另一位帮助内蒙古自治区的农民卖土豆的北京证券分析师武宏刚则表示，农民能够接到大客户的电话当然很开心，但大客户的压价也太低了。曾经有广州的采购商希望能买他几千斤土豆做礼品，但每斤0.4元的价格让他实在难以接受，谁做谁亏本。

如何才能提高网络交易效益，信誉非常重要。信誉要靠自己打出来。虽然初次接触，别人能从网上搜索有关你的报道从而形成第一印象，但归根结底还是要靠你的一言一行来证实。尤其是想把生意做长，就必须如此。武宏刚的老家在内蒙古自治区四子王旗，而他本人则在北京一家证券公司当分析师。有一次他听见老乡说老家的土豆卖不动，于是便注册了“内蒙古自治区农民卖土豆”的微博，同时还开通了一家名叫“麦土豆”的淘宝网店，希望能在业余时间通过网络渠道帮老乡拓展一下销路。为了提高实际效果，他把微博上的咨询客全都转到淘宝网店上去销售，很快就成交了984件，平均每天的成交量在1000斤左右，并且该店信誉良好，好评率达到100%。而这样一来，便又进一步扩大了该网店的销量。遗憾的是，虽然这样的销售方式确实有效，但对老家滞销的3000吨土豆来说完全是九牛一毛。

网上销售的物流成本高，如果不走高端路线就很难弥补这一块，从而影响最终获利。例如，正谷农业公司没有一家实体店，全都依靠网络、电话来进行销售，它们销售的主要是有机农产品，并且整个产业链都由自己独自承担，走出了一条把农业与电子商务结合得最彻底的规模化之路，值得借鉴。正谷农业公司与农村合作社合作，成立了自己的农业技术中心来指导有机农业生产；然后通过网络配送、销售，故意绕过超市、街市等传统销售渠道，反映出的是一种新理念。在过去，他们也曾在北京的一些高档社区举办过推广活动，或者销售人员尝试着上门推销，但最终效果并不好。后来他们通过开放蔬菜基地、发展会员俱乐部等方式，从身边的熟人圈子里开始做起，逐步赢得了消费者信任。接下来从节约推广成本角度出发，他们把推广目标主要锁定在企事业单位，效果就更好了。

从中他们发现这样一条规律：现在的消费者对有机农产品的

概念还不是十分了解，如果你把有机农产品和无机农产品放在一起，凭肉眼很难区分开来，所以，他们觉得，有机农产品销售一定要和传统渠道相区别。如果你把有机农产品也放在超市里销售，消费者很难清楚你是真的有机农产品还是冒充的。从这一点上看，网上销售高端农产品反而是一种优势，不是劣势，至少目前来看是这样。显而易见的是，销售高档农产品同样离不了高昂的物流成本，但由于是高端农产品，定价要十倍、数十倍地高于普通农产品的定价，这样的高定价限制了大多数消费者的进入，宣传和推广成本也相应提高了。

及时锁定成交也很重要。网上销售农产品要学会及时锁定成交，这是很重要的。不要一看到有很多订单纷至沓来就忘乎所以，以至于忘了最重要的东西——及时锁定成交。市场行情千变万化，即使已经达成了交易，如果没有收到货款，交易最终会不会“黄了”还真不好说。有鉴于此，要学会快刀斩乱麻，及时锁定经营成果。内蒙古自治区乌兰察布后旗土豆种植户李继文的教训就是其中一例。2011年，李继文种了800亩土豆，产量有2000吨。因为土豆就要大丰收了，想象着自己应该可以多卖一点钱了。可是没想到，因为前来收购土豆的人太少，收购商压价又压得厉害，土豆根本就卖不动。这种情况以前可从来没有碰到过。50岁的他面对2000吨无人问津的土豆，便想到发个微博试试看。10月13日，李继文通过微博对外求助：“大家好，我是内蒙古乌兰察布后旗16号的农民李继文，新浪微博协助我开了个人微博，我们这里土豆滞销700吨，非常紧急！现在土豆都在地里，没有地方囤，天气越来越冷，土豆一受冻就完了，我们一年的心血就全白费了……请好心人帮帮我们，土豆0.45元一斤，含泪请大家帮忙，感激不尽。”结果，在这条微博发出后短短3天时间里，就有9万多人转发。微博发出后短短几个小时内，他就相继接到来自北京、天津、上海、广州等地打来的100多个咨询电话。第二天，北京就有家乐福、华堂商场等10多家超市准备去土豆主产区内蒙古收购滞销土豆，然后投放北京市场，总采购量计划在5000吨。14日下午，当地一家淀粉加工企业捷足先登，承诺全部收购李继文的700吨土豆，价值60多万元。至此，可以说李继文在微博卖土豆取得了圆满结果。但以这样的价格卖出去，他依然要亏40万元。正因如此，李继文在微博上抱怨说，当地农民感到“很有压力”，因为这样的价格卖也不是，不卖也不是。卖吧，价格太低，明知要亏本；不卖吧，放在地里一文不值，损失更大。可李继文的700吨土豆被全部收下的高兴劲还没全部过去，他马上就乐不起来了。虽然在他看来，按照过去的行规，对方说全包了，就是说这些货他全要了。而实际当李继文发了两车土豆过去后，对方就说卖不动了，就是说不要了。这时候的李继文也不忍心强行逼着对方收下来，结果仍然是空欢喜一场，并且他还白白错过了与其他客户的交易时机。

及时锁定成交不但是市场规则的要求，更是因为我国农产品供应总体上供大于求，具体到局部地区来说就更是如此。尤其是在信息严重不对称的情况下，这种供求矛盾更为突出。及时锁定成交，才能抓住机会、避开风险。相反，如果市场供不应求，价格趋势是向上的，这时候对方如果出尔反尔，吃亏的只能是对方，而不会是自己。

第九章

新农人电子商务发展的实战性

第一节 新农人电子商务运作机制中的经典案例

在如今信息技术蓬勃发展的时代，农业从业人群越来越离不开信息技术的辅助。从农业产品的生产、培育，到管理、销售，每个环节都与信息技术紧紧相连。

在农业的电子商务运作中，已有大量的经典案例遍布于各种商业模式中。本节将把农业在不同类型电子商务中的应用以案例的形式呈现。

1. *以淘宝网店为主的C2C模式*

在中国，淘宝网占据了全国60%以上的C2C市场份额，淘宝网以其优秀的网页设计和简洁的购物流程，成了中国互联网用户进行电子商务的主要平台。

淘宝网（www.taobao.com）是中国深受欢迎的网购零售平台，目前拥有近5亿的注册用户数，每天有超过6000万的固定访客，同时每天的在线商品数已经超过了8亿件，平均每分钟售出4.8万件商品。截至2011年年底，淘宝网单日交易额峰值达到43.8亿元，创造270.8万直接且充分的就业机会。随着淘宝网规模的扩大和用户数量的增加，淘宝也从单一的C2C网络集市变成了包括C2C、团购、分销、拍卖等多种电子商务模式在内的综合性零售商圈，目前已经成为世界范围的电子商务交易平台之一。

对于新时代的农业从业者而言，淘宝网是拓宽销售渠道、发展农商规模的有效选择。对于任何一个农业从业人员，都可以在淘宝上开设自己的店铺，进行农产品交易。

在搜索框中输入“农产品”，即可找到超过41 000件相关商品。

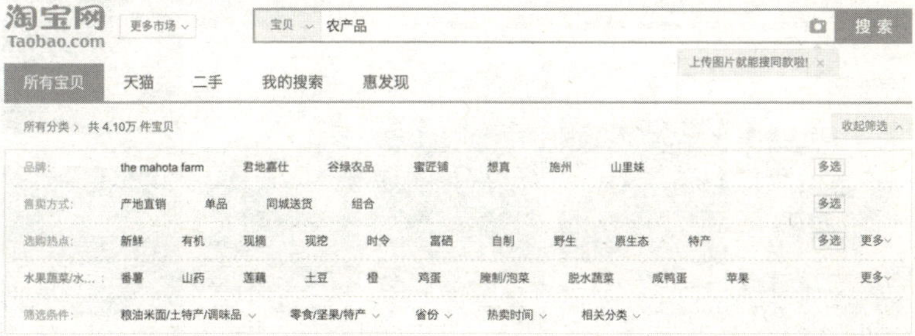

缩小搜索范围，输入指定种类产品，比如“地瓜”，也能搜出超过400件商品，表示单地瓜一种农产品就有超过400家商店销售，包括地瓜干、新鲜地瓜、地瓜粉丝等各种各样的商品。这里面既有由正规食品加工厂生产的、具有营业许可证的农业加工食品，也有自家种植生产、再由自家售卖的初级农产品。

点击进入一个店铺后，可以查看商品详情，包括产地、价格与库存等。在如下的淘宝店铺当中，原价50元的产品做特价活动，价格为29.9元，并且由于包邮活动免快递费。数据显示，当月已售出448件商品，并有91条买家评价。由于该产品以5斤为一件，当月售出448件，即为超过2000斤的成交量，这在月农产品交易中是极为客观的。因此，作为C2C平台，淘宝网具有入门门槛低、开店容易、操作简单等特点，最重要的是人人都能开店。如能按照合适的方法经营，完全能够为农产品销售拓宽新的渠道。

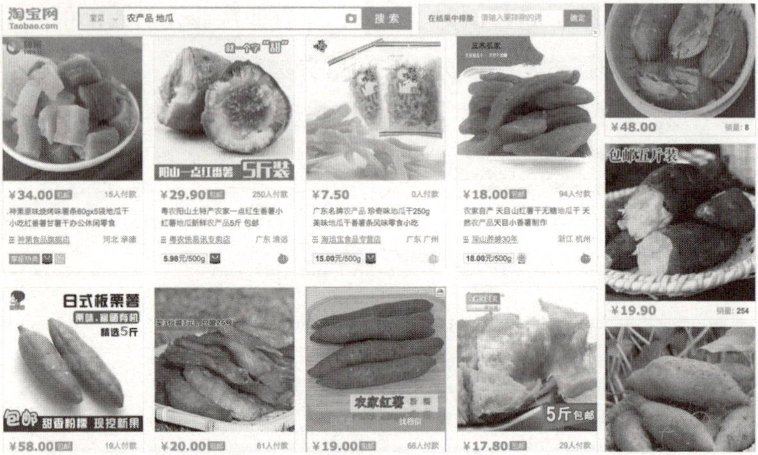

2. *以天猫、京东为例的B2C模式*

在现实生活中，我们平时在各大百货、超市购买东西，都能算是B2C，即如沃尔玛、家乐福等超市先向各供货商采购好商品之后，消费者直接向沃尔玛这些大型超市购买，而不用向货源地购买商品。这样做的好处一是消费者可以省时省力地在一个地方集中购买各种商品；二是有中间商作质量保证，在购买时更具有

可信度。

在电子商务中，这种超市模式同样适用在网上交易。阿里巴巴旗下的天猫商城和京东网就是这种B2C模式的代表。

以京东为例，京东采取的模式就是一部分商品为京东自营，由京东自己收购商品进行售卖与配送；另一部分商品许可给在网上加盟的代营店铺，由这些店铺自行营业和配送。

例如，在京东搜索枸杞，即有从品牌、包装方式、产地等多个维度的分类方式。在首页列出来的几十个商品中，一部分为京东自营，由京东进行采购和发货；另一部分为其他旗舰店代销，在服务栏标明由商家从所在地发货，提供售后服务。

因此在农业电子商务中，参与B2C模式也是一种主流的选择。一方面，农产品生产者可以凭借优质的质量与口碑成为这些品牌网站的供货商，让京东、天猫等品牌自主销售产品，得益于官方提供的优质服务，产品的销量可以稳定在较高的水平；另一方面，农产品销售者在通过官方一系列的资格认证后，可以加盟

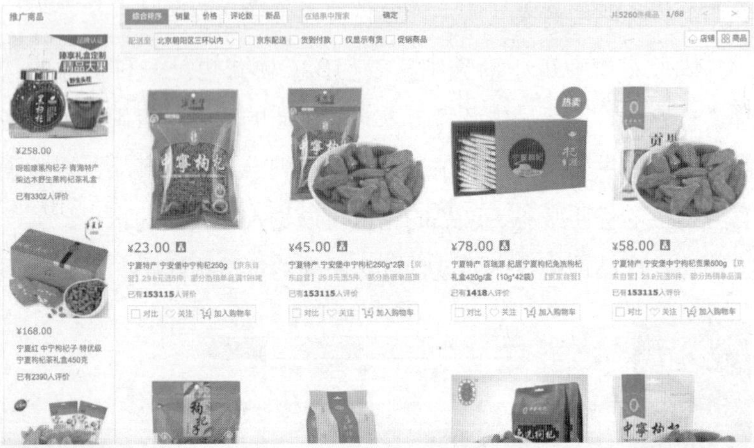

这些主流平台，以加盟店的形式在平台上销售商品。

3. *以苏宁为例的O2O模式*

与阿里巴巴、京东等平台定位不同，苏宁在2012年便开始部署O2O战略。曾经苏宁是同国美等电器商城一起的一个线下零售商，只是做简单的线下零售电器的业务。但是从2012年起，苏

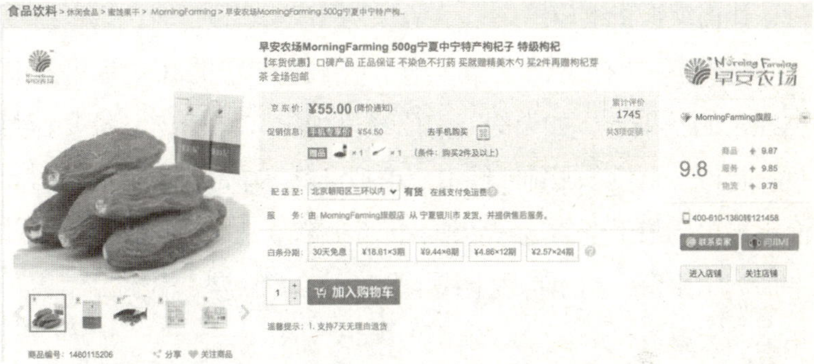

宁以沃尔玛、亚马逊为目标，立志做线上线下的零售服务商，“店商+电商+零售服务商”，以互联网技术为基础，整合苏宁前台后台、融合苏宁线上线下，服务全产业、服务全客群。这就是苏宁倡导的中国互联网零售模式。

简而言之，就是苏宁在搭建线上电子商务平台的同时，继续在线下建立实体体验店，使得线上线下的店铺无缝对接。用户既可以在网上下单购物，然后在线下体验店提货，比如在网上买一台电视，在线下体验店付钱和提货；也可以在线下体验后线上支

付，让商家送货上门。

随着苏宁向全品类方向延伸，在过去传统的3C、家电等品类经营的基础上，如今的苏宁已经呈现出3C、家电、母婴、美妆、超市、百货、服饰、图书、虚拟产品等全品类发展的局面，而不单单局限于电器这一品种。因此新农人在平台选择上也可以考虑苏宁平台，利用其线上线下紧密结合的优势，为商品销售开拓另一大渠道。

对于一般的农户而言，如果想利用好电子商务来打开新的销售渠道，那C2C应该是门槛最低、操作最方便快捷的一种模式。以淘宝网为例，用户可以通过在淘宝网的简单注册，并绑定银行卡、完成身份认证后，即可开设自己的店铺。本书将在第十章“虚拟新农人模拟网络操作系统流程”以淘宝、微信为例，介绍开店的基本步骤和所需材料。

第二节 农产品移动电子商务的必然趋势

在如今移动互联网发展迅速的时代，许多在电脑上的业务也搭上了移动互联网的快车，将业务向多平台、跨平台上发展。在人们的生活中，随着智能手机的普及，许多本来在电脑上才能完成的操作，如今在手机、平板电脑等移动设备上也能轻松完成。

对于淘宝等电子商务平台也是如此，虽然淘宝网涉及的操作类别繁复，本来适合在电脑上进行操作，如今淘宝也开发出手机端的移动应用，这些应用能实现几乎所有需要的功能。

以手机淘宝为例，首先进入淘宝网首页，将鼠标移动到网址导航按钮，在“当前热点”的下拉菜单中选择“阿里APP”选项，点击之后跳转到网页。

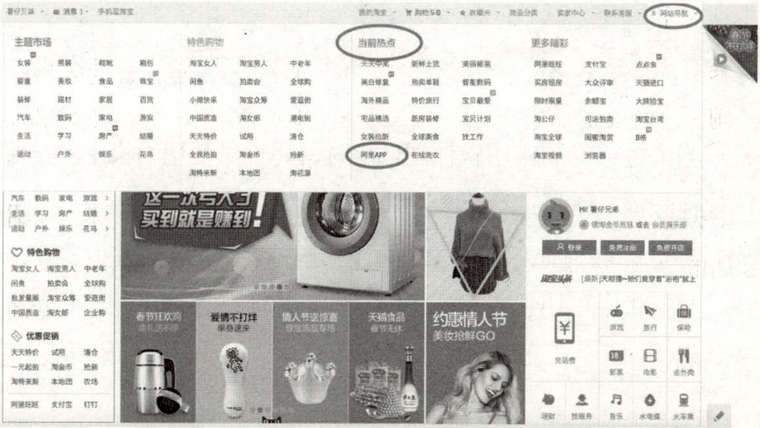

在阿里APP页面中，用户可以看到阿里旗下所有的应用程序，其中“手机淘宝”“支付宝”“天猫”“旺信”等都是在网上买卖物品的常用应用软件。对于卖家来说，常用的手机端应用软件有“支付宝”与“千牛”两款。

当鼠标移动到应用软件图标上时，用户可使用手机上的二维码软件扫描二维码进行下载。对于买家来说，“手机淘宝”“天猫”等产品能让他们快速在手机上进行购物体验；对于卖家来说，“支付宝”用于账目的管理，包括转账、还款等操作；另外一款名为“千牛”的应用程序则囊括了商品管理、宝贝发布、退

款售后以及各项营销活动。

在淘宝网网站导航的“更多精彩处”，点击“阿里旺旺”。

选择“我是卖家”，进入右侧的“千牛”下载页面；买家则下载左侧的“阿里旺旺”。

下载之后，使用注册过的淘宝账号，即可登录应用软件。

业务逐渐向手机上的迁移，几乎所有在电脑网页上的操作都能在手机上完成，使得手机平台的规范化和成熟化成为电子商务移动化的必备条件。当没有出现智能手机的时候，手机只是打电话、发短信的基本工具；即使是在智能手机刚刚普及的时候，由于各个厂商操作系统的不一致，使得手机软件的兼容性很低，这也阻碍了移动应用的普及速度。而如今，随着智能手机市场的规范化，智能手机系统基本分成了iOS、安卓以及微软三大阵营，这就使得移动软件的兼容性得到了保障。以前可能有6种智能手机系统，需要开发6种不同的移动应用版本；而现在只需统一开发三种版本的软件，这也大大降低了手机应用的开发难度。

对于电子商务而言，营销和推广是其核心环节，小店靠吆喝，大牌靠广告，在信息化的今天，酒香也怕巷子深。而随着微信等社交软件的推广，这些软件为电子商务的推广降低了门槛。任何商家都可以利用自己的朋友圈，只需要点击几个按钮，就可以将分享链接发送出去，再通过关系网进行病毒式的传播，这样不但操作简单，而且成本几乎可以忽略不计，实在是新时代产品推广的一个重要渠道。

最后，随着支付宝、微信支付的推广，如今几乎所有的应用场景都可以使用这两种移动支付方式进行支付，这也使得更多的交易可以通过手机完成。这也昭示了电子商务与移动互联网越来越紧密的结合，而农产品销售也不例外。

第三节
网络营销管理过程中的注意事项

随着电子商务平台发展越来越成熟，如今电子商务的体验已经和现实生活中的商品交易几乎没有差别。除了为现实中的商品交易拓宽了另一大渠道外，也面临着现实生活中的管理问题。

以如下的淘宝卖家首页为例，在左侧功能栏中可以看到淘宝商铺的主要功能。

下图中主要有“交易管理”“物流管理”“宝贝管理”“店铺管理”以及“营销中心”这五大模块。

在“交易管理”中，店家可以管理已卖出的宝贝、收到的评价以及分期等。其中“评价管理”对淘宝店铺至关重要，因为顾

客在店铺中进行的每笔交易都设有评价机制，评价直接关系到店铺的口碑评分，也就关系到店铺在淘宝卖家中的排名。当买家在淘宝购买东西时，绝大多数是搜索自己想要购买的产品，然后在搜索结果的首页找到评价好、销量高的店铺进行购买。因此，一旦因为评价分数不好而使得店铺排名靠后，则顾客光顾的概率也会大大减小。

在“物流管理”中，卖家需要对商品发货进行管理。在电子商务平台上，确定交易之后怎样将物品送到买家手上，就是一个物流的过程，这是整个网上交易的有机组成部分。一般来说，在顾客下单之后，卖家既可以选择记下顾客信息，自己在线下找到物流或者快递公司寄送，也可以在网上直接填写快递公司的单号，由他们上门取件寄送。我国国土广袤无垠，不同的省市有不同的发货速度和价格，不同品种的物品也有不同的运输方式，林林总总的快递公司提供的价格、服务也不一样，而这些都是卖家在“物流管理”中需要注意的地方。

“宝贝管理”顾名思义，就是管理商铺中的商品。发布一个商品包括填写商品的基本信息、划定分类、上传照片以及撰写描述等过程。如何做到综合竞争对手价格之后合理定价，并且确定好合适的分类，在商品的描述上吸引眼球，是“宝贝管理”中的重点问题。

“店铺管理”，实际上相当于显示当中的店铺装修。卖家需要确保商店的装修风格与自己售卖的产品相匹配，并且在商店排版的设计上符合买家的使用习惯，确保买家可以有良好的体验。另外，由于手机和电脑使用习惯的不同，在电脑上呈现的商店不可能原封不动地将格式搬到手机上，这样手机上会有密密麻麻的电脑排版，并不适合使用手机浏览。因此商店的管理，除了要管理好电脑浏览器版的店铺，也要管理好手机店铺。

最后一个模块是“营销中心”，这也是电子商务一个重大的课题。在淘宝官方网站提供了许多卖家可以参与的营销活动，比如聚划算、店铺红包等活动，参与之后卖家可能会获得意想不到的客户流量和销售数字。另外，卖家也可以在这里参加一些限时举办的活动，或者购买一些营销服务，我们将在后文进行详细的演示。

第十章

虚拟新农人模拟网络操作系统流程

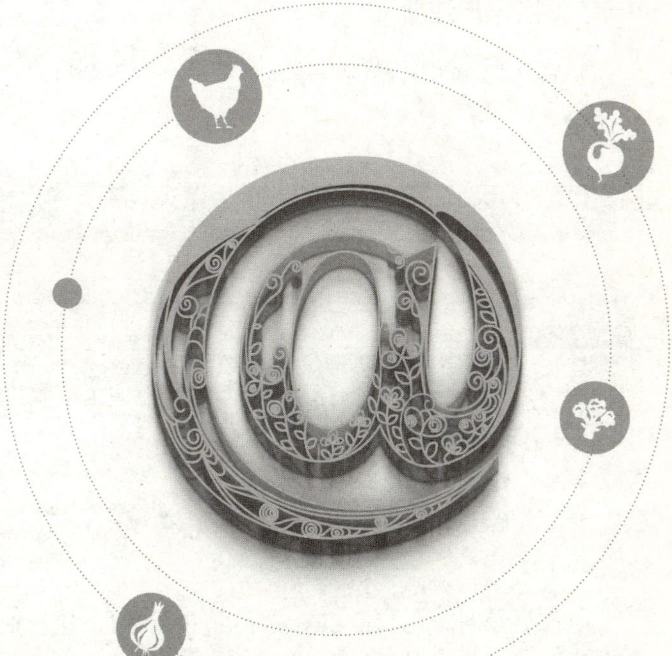

本章将侧重以文字和图片相结合的形式，对两种主流的电子商务平台“淘宝”和“微信”的操作方式和流程进行详细的阐述，旨在帮助新农人利用这两个平台开拓自己的农业电子商务。

第一节
新手开淘宝网店

一、淘宝账户注册

首先在搜索引擎中找到淘宝网，进入淘宝网首页。

初次登录时，用户需点击左上角的红圈处，进行账号注册。注册有两种方式选择。一种是通过个人手机号码注册，另一种是

通过个人邮箱注册。下面以手机注册为例介绍注册流程。

注册主要分为四步。第一步为填写手机号码，使用淘宝发送过来的验证短信，进行用户名设置。

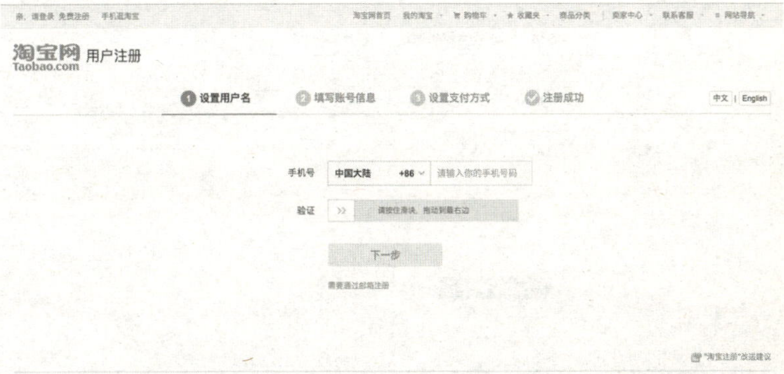

第二步，填写基本的账号信息，包括密码与会员名设置。

第三步，设置支付方式，用户需填写真实的姓名、身份证证号及银行卡卡号，将银行卡与淘宝账户绑定。

绑定成功后，系统会提示用户已经注册成功。

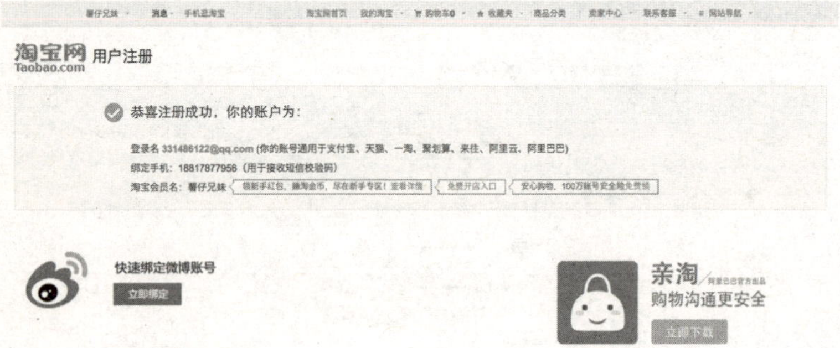

二、开通网上银行与支付宝

网上银行又称网络银行、在线银行，是指银行利用互联网技术，通过互联网向客户提供开户、查询、对账、行内转账、跨行转账、信贷、网上证券、投资理财等传统服务项目，客户可以足不出户就能够安全便捷地管理活期和定期存款、支票、信用卡及个人投资等。

因此，当用户进行电子商务交易时，需要绑定一张实名银行卡，通常需要到该银行网点办理网上银行业务，开通之后方可顺利进行网上支付等业务。目前，几乎所有银行都可办理网上银行业务，请咨询银行卡所在银行进行办理。

由于用户在注册淘宝账号时已绑定银行卡，因此用户可用淘宝账号登录支付宝，即支付宝自动为淘宝账号开通。

绑定了银行卡后，用户可在网页端或者移动端进行支付宝充值或提现，也可以查询余额。

在支付宝右侧的“生活服务”中，包含了众多支付宝提供的功能。点击管理按钮，将会看到支付宝提供的所有服务。

对于一般用户来说，主要使用的支付宝功能就是转账、信用卡还款等功能。此外，手机充值、宽带缴费等便民服务也为用户提供了更多便利。

三、开通淘宝店铺

在注册淘宝账号和支付宝之后，淘宝的用户已经成为一个淘宝买家，可以购买淘宝网上的商品，但是要成为卖家，则需要更多的认证机制。

在淘宝网首页的右上角处，有“卖家中心”按钮，点击后在下拉菜单中选择“免费开店”。

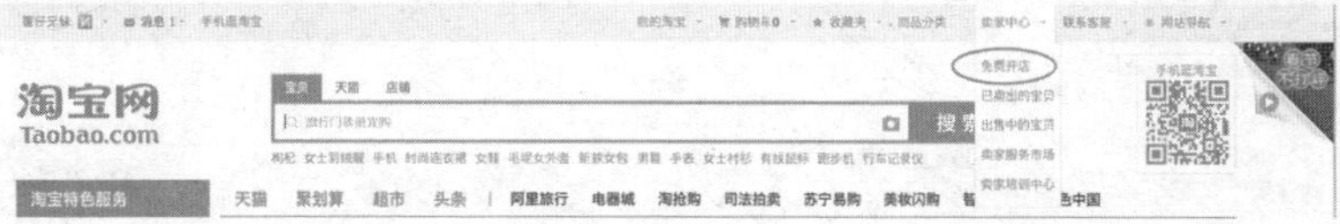

点击之后进入如下页面，选择开店类型。对于个体而言，一般选择“个人开店”。

选择之后，淘宝将进行开店条件检测，在申请开店认证处，需要通过两个状态检测。其一是支付宝实名认证，需要用户通过上传证件照的方式对支付宝账户进行实名认证；其二是淘宝开店认证，由于电子商务对商家信息真实性和交易安全性的要求，用户需要通过上传照片、证件等步骤进行认证。通常开店认证在提交认证申请后需要1～2工作日的审核时间。

审核完成后，点击“创建店铺”，完成开店步骤。

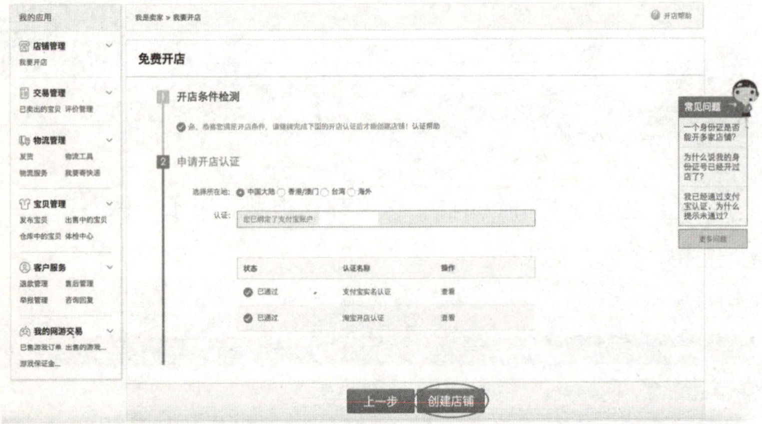

四、发布宝贝

在创建完店铺之后，商家进入店铺首页。在下图所示中，左侧为功能栏，商家可以再次管理交易、物流、宝贝、店铺以及营销活动。中间为店铺动态，包括在淘宝网店中最为关键的评分参数。相关评分越高，在淘宝的商品搜索中越靠前，顾客光顾的概率也就越高。

在“宝贝管理”处，选择“发布宝贝”，来上架第一个货品吧。首先需要为自己的商品找到对应的类别。卖家可以在以下的大类中逐步选择小的子类，比如商品为净菜农产品，则逐步点击“水产肉类/新鲜蔬果/熟食”—“新鲜蔬菜/蔬菜制品”—“净菜”。

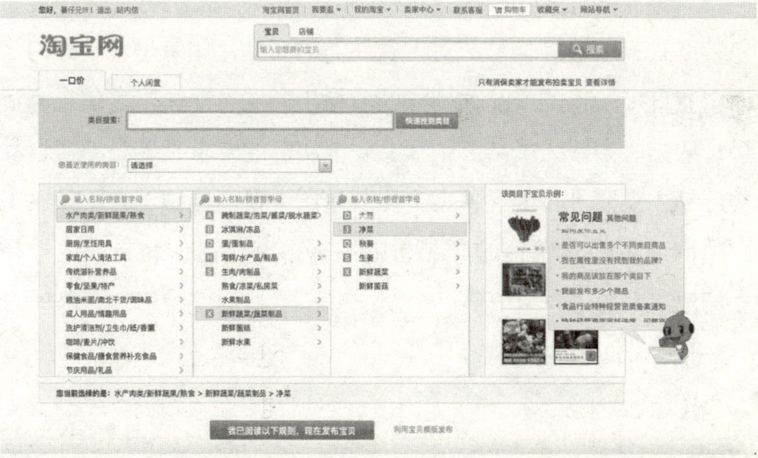

或者可以使用“类目搜索”这项功能，输入商品名后，便可快速找到可能的分类。比如要发布“土豆”这项商品，则在搜索框中输入“土豆”。

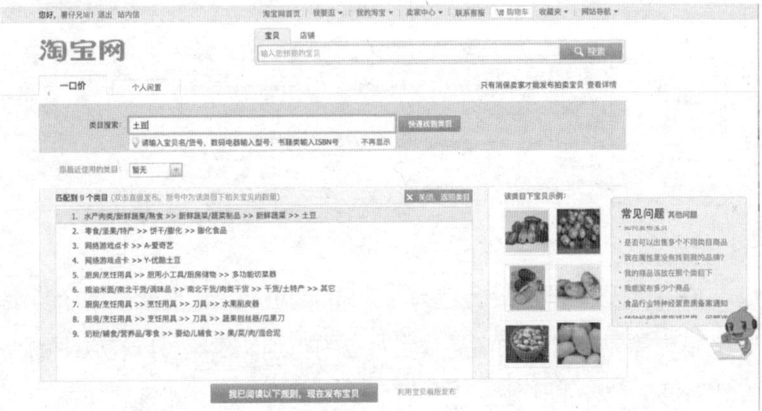

在搜索框匹配的项目中选择对应的类目，即可发布商品。

点击发布之后，需要填写商品的基本信息，包括净含量、包装方式、产地等信息。对于食品类的商品，如果是包装好的、由企业直接发售的产品，则需要填写生产许可证、厂家信息等资料；依据《中华人民共和国食品安全法》的要求，若是售卖食品类产品，需要进行商家备案，但若是属于自产自销、并不是由工厂生产或者企业销售的产品，则不需备案，在包装方式中选择“其他”即可。

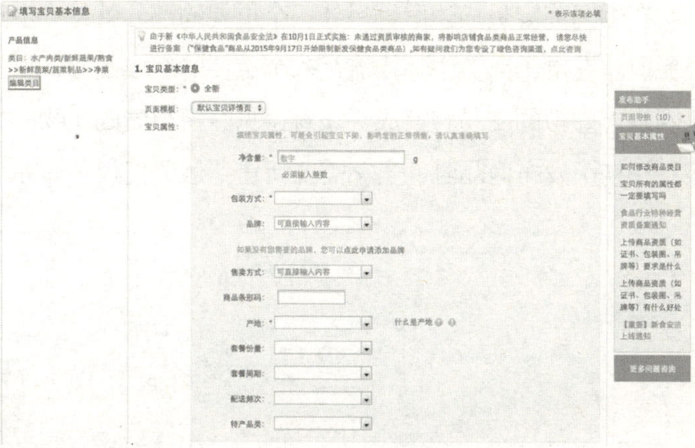

填写完基本信息后，卖家需要添加宝贝描述，这一部分是给卖家呈现的主要部分，包括商品的标题、卖点、价格以及存货量等。对于一个淘宝店铺来说，使用图片的形式展现实物是最直观的表达方式，因此在淘宝店铺中卖家可以上传多达5张的图片，从多个角度描述商品；也可以上传视频，长度在9秒之内，来展示商品。

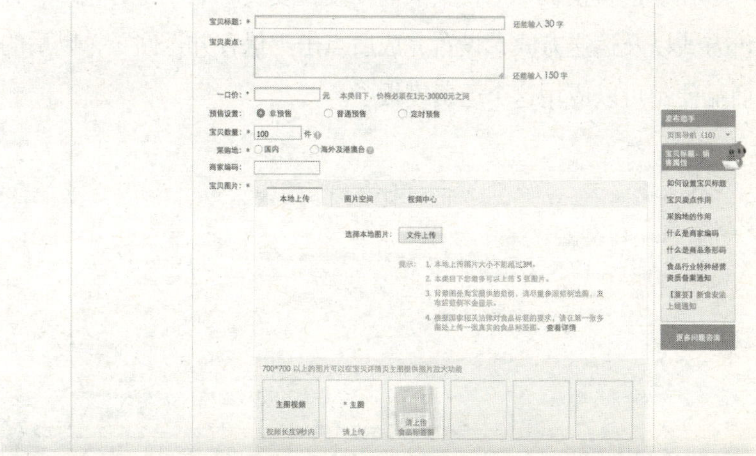

在编写完宝贝描述后，另外一个重要的部分就是“宝贝物流服务”。在电子商务中，物流是一个重要的组成部分，它是商品从网络上虚拟的交易转换成买家看得见、摸得着的实物的关键步骤。在初次发布商品时，卖家需要新建“运费模板”。

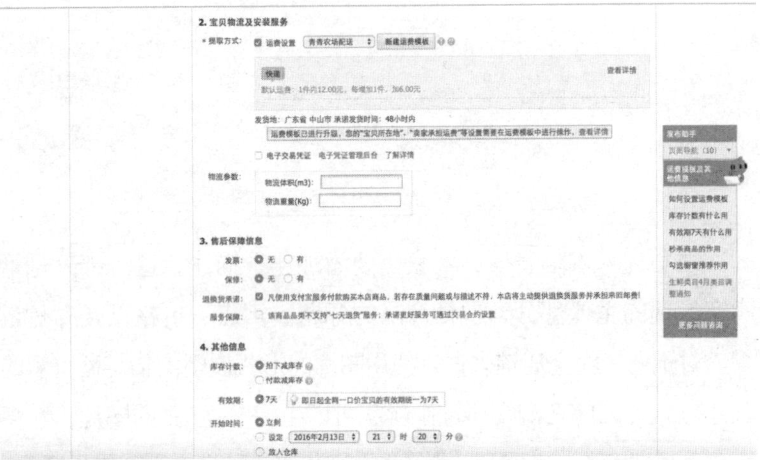

在“运费模板”中，卖家需要设置发货时间、是否包邮、计价方式以及运送方式，设置完成后点击“保存并返回”，以后的商品便都可以应用这个运费模板了。

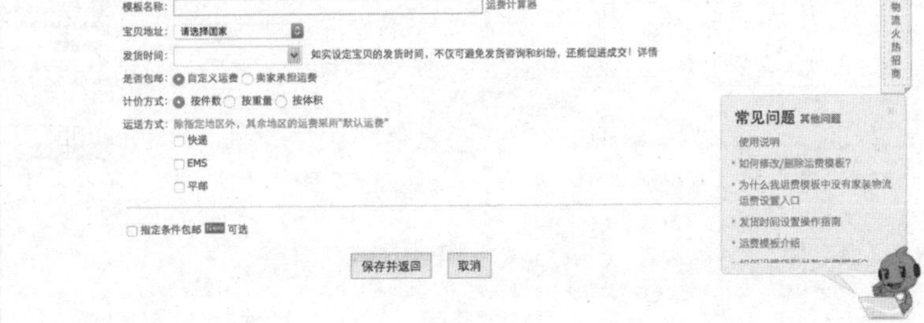

在完成售后保障信息和其他信息之后，卖家点击“发布商品”，商品即成功发布，并在30分钟内出现在货架上。

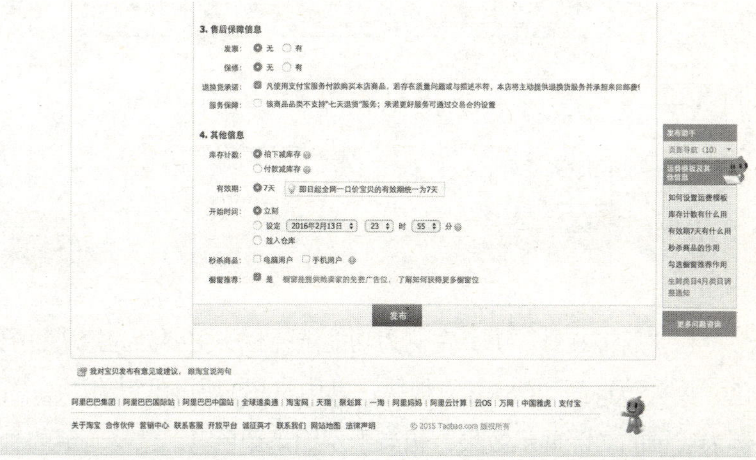

五、店铺装修

如同在现实中开店一样，一个商铺不光有优质的产品就行了，还需要对店铺进行精心装修，从而才能吸引客人到商铺选购产品；在淘宝网开设网上店铺也是如此，在发布了若干商品之后，卖家需要对店铺进行装修，确保店铺的布局与设计具有良好的用户体验，让顾客可以在商铺中快速找到他们需要的产品，或者在购物过程中获得舒适的视觉效果。

还是在卖家首页中，在左侧的功能栏中找到“店铺管理”，点击“店铺装修”。

在“店铺装修”中，左侧为功能选择栏，主要分为模块、配色、页头、页面和CSS五大板块，其中常用的为前四大板块。右侧为店铺的实际展示效果，相当于左侧是调色盘，选择画笔的种类、粗细和颜色，而右侧是画布，显示画出一笔后的效果。

制作一个网页包括布局、设计和实现三大步骤，简单说来就是要身兼设计师和程序员两大职能，既需要设计页面的表现形式和

配色，又需要利用计算机知识编写代码实现网页效果，如果全部都由个人完成则需要非常多的精力。因此淘宝网帮助卖家在设计和实现上做了封装，将页面分割成一个个独立的模块，并按照不同的尺寸，将每个模块分类以供卖家选择。如上图所示，基础模块中包含了宝贝推荐、宝贝排行、图片轮播等模块，它们分别对应不同的功能，而这些功能都是淘宝在总结了用户的实际需求后列出的需求量大的模块。以图片轮播为例，实际上就是现实生活中的轮播广告牌。商户可以在店铺开头的醒目处将最需要推广的产品放在广告牌中。再比如宝贝推荐模块，这对于商家来说非常重要，特别是当商品非常多的时候，要迅速给卖家推送商店最具特色的产品，就需要使用宝贝推荐模块。每个模块都已经由淘宝网设计师设计完成，卖家只需要在指定位置上传商品图片，或者添加自定义的文字即可。

当卖家选择好需要用的模块后，可以利用简单的拖拽操作，将功能栏中的模块拖拽到右侧的页面中：鼠标点击模块图标后不松开，在右侧的页面中会提示模块将会显示的位置；松开鼠标后，该模块就会被添加到页面中。

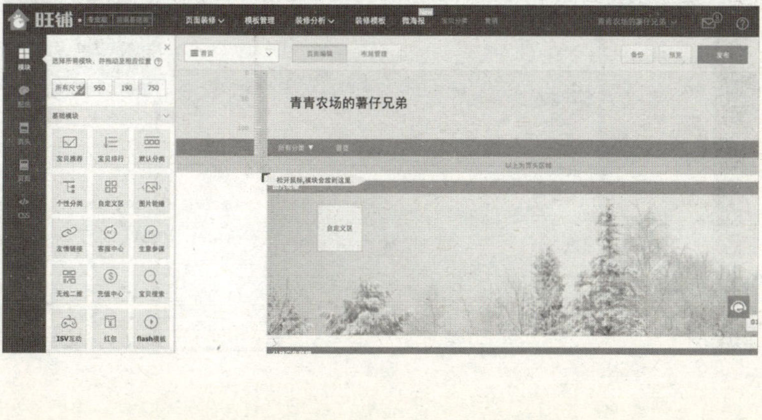

还是以“宝贝推荐”为例，将“宝贝推荐”模块拖动到选定位置之后，点击“宝贝推荐”模块右上角的编辑按钮，弹出如下画面。

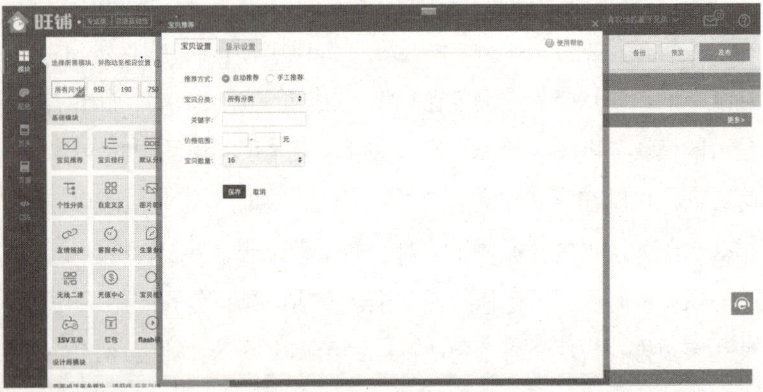

在“宝贝设置”中，卖家可以选择“自动推荐”，并在“关键字”“价格范围”等作出定义，系统会根据卖家给出的关键字、价格范围和宝贝数量将指定的商品放入推荐当中。卖家也可以选择手工推荐，在所有列出的商品中选择自己所要推荐的商品。

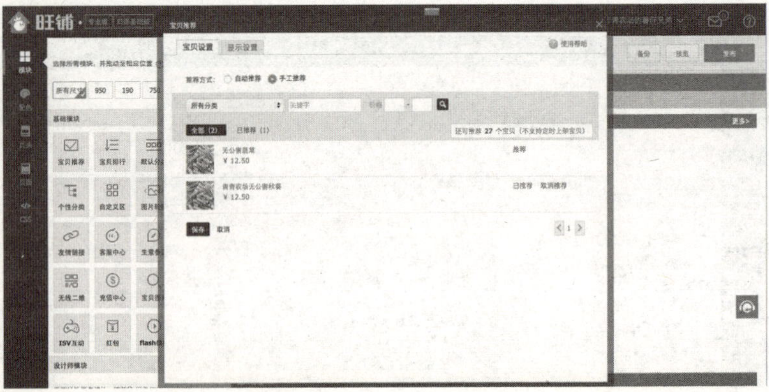

在宝贝设置完成之后，可以点击“显示设置”，来改变推荐商品的排布方式，比如一行可以显示3～6个宝贝，并且可以按照人气指数进行推荐排序。

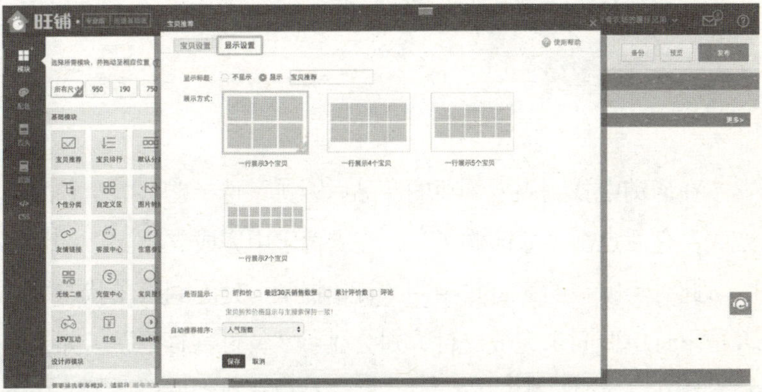

如果页面的模块太多，为了更直观地管理各模块的布局，卖家可以点击“布局管理”按钮，这样即可看到整个店铺的模块排布，进而可以更合理地布置店铺布局。

六、宝贝交易流程

这一部分将对淘宝的整个交易流程进行总结。一项交易的完成涉及买家与卖家两方，流程涉及从买家进入店铺购买商品，到卖家确认并发货，再到买家收货评价。因此这里将结合买家与卖家的角度对交易流程进行描述。

买家首先通过淘宝网的搜索框找到需要的货品，之后进入店铺。

在店铺中找到需要购买的产品后，买家选择购买数量和配送方式，之后点击“立即购买”，在支付宝中完成支付。

此时卖家在卖家首页中的“订单提醒”处看到订单状态，若客户下订单但尚未完成支付，则会显示“待付款订单”。如果客户没有在一定时间内完成支付，则该订单会自动取消。若客户下订单并已完成支付，则会显示“待发货订单”，表示客户货款已提交到支付宝这个第三方中心，需要卖家发货。

点击之后可看到所有“等待付款”或者“等待发货”的交易订单，点击“详情”可查看订单的详细信息。

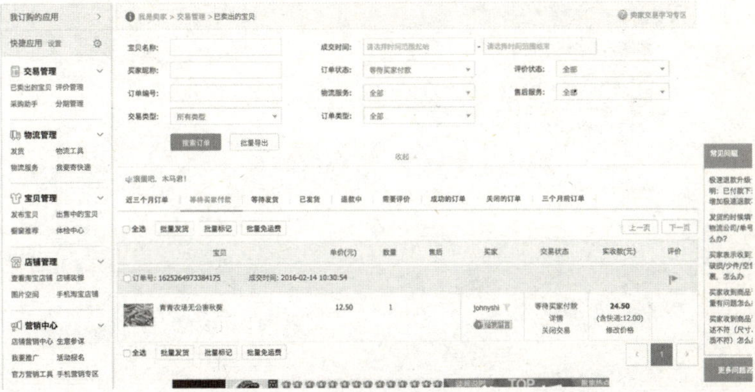

进入详情页面，可以看到买家的信息以及订单的价格。卖家可以进行修改价格、关闭交易或提醒买家付款等操作。

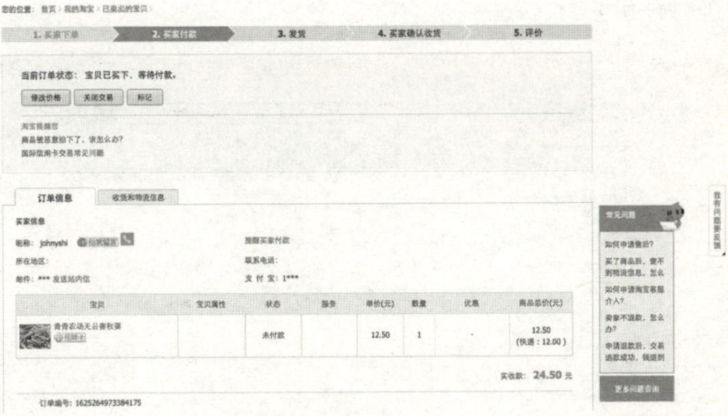

在已付款的交易中，点击“详情”后，卖家可进行发货、修

改地址等操作。

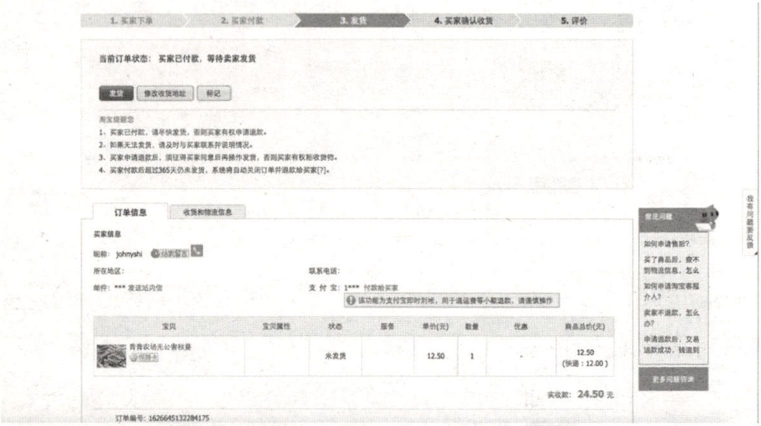

点击“发货”之后，卖家可以在线上联系快递商，也可以自己在线下找到快递商寄出。在发货操作成功之后，买家可看到卖家已发货的状态，并需要在收到货物之后点击“确认收货”，再进行评价。

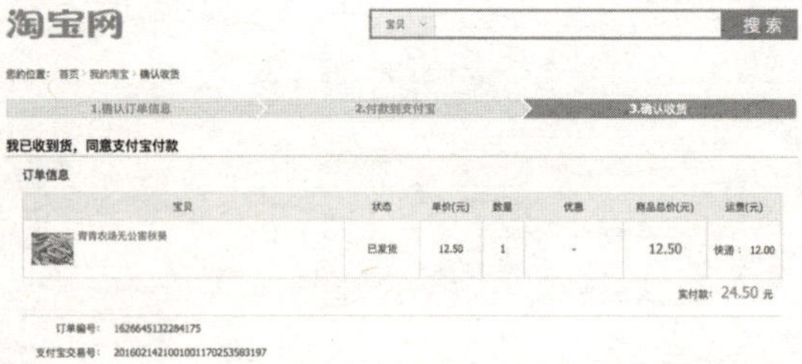

确认完毕之后，交易状态将显示为“交易成功”，买家的货款会打到卖家的支付宝中，卖家可在支付宝页面查看记录。

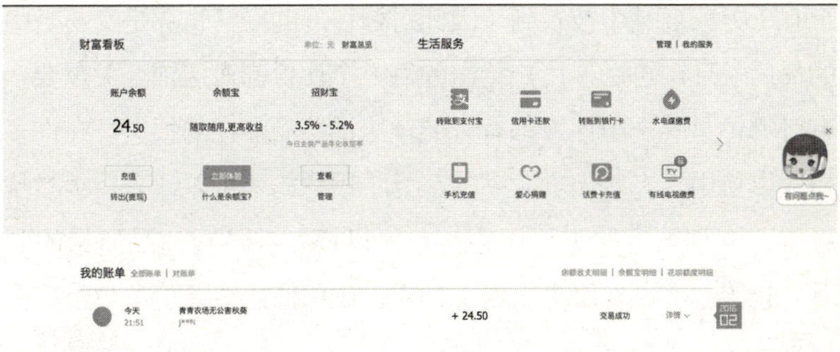

至此，这笔交易的款项已打入卖家的账上，卖家可存储在支付宝余额或者提现到银行卡。

在支付宝“我的账单”板块，用户点击“全部账单”，可查看不同分类、不同状态的所有交易，这样可以更好地管理店铺账目，并得到一些统计数据。

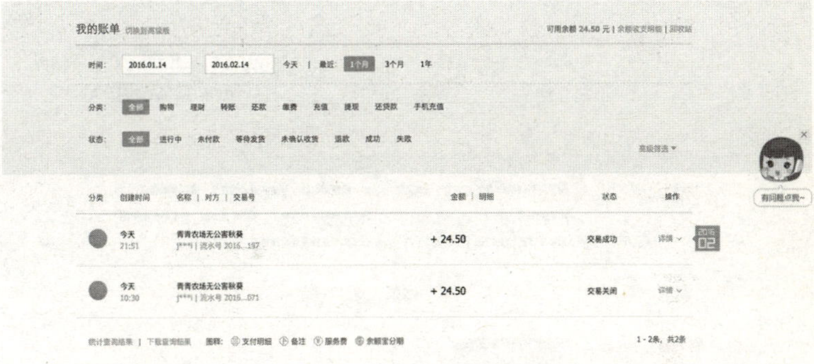

值得注意的是，对于淘宝店铺来说，顾客对店铺的各项指标的评价在店铺经营中非常重要。只有顾客的好评度越高，店铺的排名才能越靠前，这样才能有更大的概率使顾客在茫茫几万家乃

至几十万家店铺中被找到。因此对好评度的经营也算是交易当中的最后一环。可以说用户给出的每一个评价都对店铺至关重要，有时哪怕是一个中评，都有可能让店铺蒙受潜在的损失。在许多极端事例中，有些淘宝卖家甚至为了用户的一个差评去持续骚扰顾客，直到顾客改为好评为止。所以商家在注重商品质量的同时，也需要在顾客服务上多下功夫，确保商店的评价参数维持在前列状态。

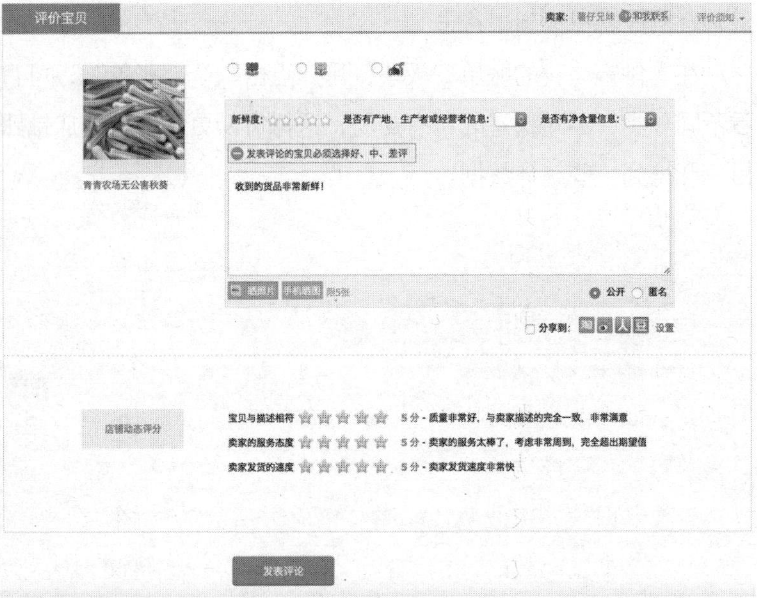

第二节 新手开微店

一、注册微信订阅号

微信公众平台，简称WeChat。曾命名为“官号平台”和“媒体平台”，最终定位为“公众平台”。利用公众账号平台进行自媒体活动，简单来说就是进行一对多的媒体行为活动，如商家通过申请公众微信服务号，进行二次开发展示商家微官网、微会员、微推送、微支付、微活动、微报名、微分享、微名片等，已经形成了一种主流的线上线下微信互动营销方式。

微信公众平台共有三种类型的账号，分别为订阅号、服务号以及企业号。其中，订阅号主要偏重于为用户传达资讯（类似报纸、杂志），认证前后都是每天只可以群发一条消息；服务号主要偏重于服务交互（类似银行），认证前后都是每个月可群发4条消息；而企业号则是用于公司内部通信，需要先有成员的通信信息验证才可以成功关注企业号。

对于新时代的农业从业人员而言，利用微信进行个人农产品营销是如今非常有效的途径之一。对于个体而言，建议选择订阅号进行产品营销与推广。下面就订阅号进行详细的说明。公众平台订阅号，是公众平台的一种账号类型，旨在为用户提供信息。

1. 每天（24小时内）可以发送1条群发消息。

2. 发给订阅用户（粉丝）的消息，将会显示在对方的“订阅号”文件夹中。点击两次才可以打开。

3. 在订阅用户（粉丝）的通讯录中，订阅号将被放入“订阅号”文件夹中。

综合以上特点，对于农业个体人员，可以选择在微信公众平台注册订阅号，分为以下五个步骤：

1. 搜索微信公众平台，进入平台官方网站，出现以下登录界面。首次使用时请点击红圈处“立即注册”账号。

2. 按照提示步骤，填入账号的邮箱、密码等基本信息。

3．按照提示步骤，在完成邮箱激活后，进入选择类型页面，选择“订阅号”。注意账号类型一经选择将无法改变。

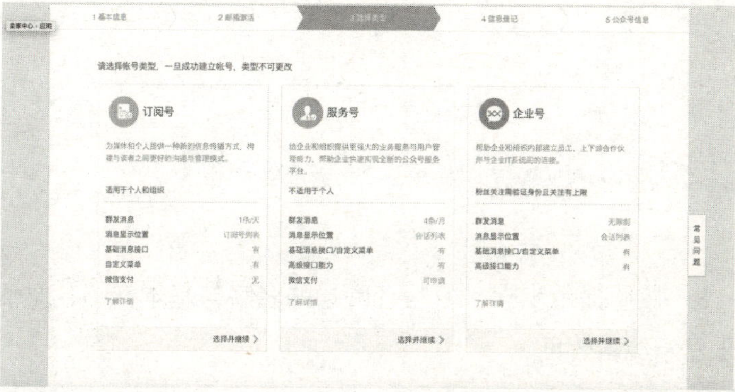

4．按照提示步骤，登记如实的个人信息。

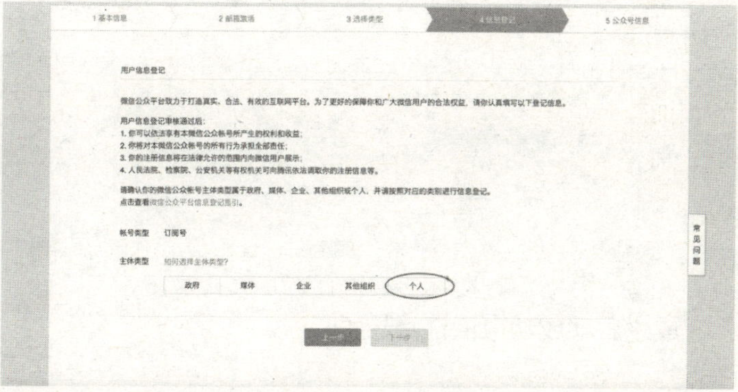

5. 按照提示步骤，填写订阅号的名字与基本介绍，左侧会同步显示编辑效果。

完成之后就成功申请订阅号了。

二、常用功能模块的使用

登录微信公众平台之后，可以看到如下的主页面。左侧的功能栏的主要功能大致分为四类，即功能、管理、推广与统计四大模块。功能栏右上方为消息统计区，显示了该公众号的新消息数、新增加的订阅者人数以及总用户数。

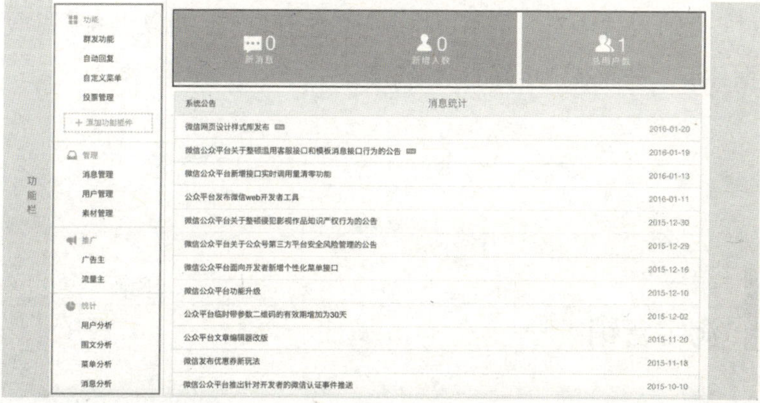

在功能模块中，系统默认添加了群发、自动回复、自定义菜单以及投票管理四项功能。点击“添加功能插件”，将有更多功能插件可以使用。

本书将在后文以“微订”为例，使用方便的第三方应用来管理订阅号。

在管理模块中，可以看到订阅号的所有消息、用户和发布素材；统计模块中有各种用户的点击量统计信息，可以供商户做数据分析，进而制定更好的营销策略。

第三节 淘宝营销

营销是指根据市场需要组织生产产品，并通过销售手段把产品提供给需要的客户。而网店营销是指以网络为平台，以开网上店铺为窗口把产品销售给客户。

网店营销不同于传统上实体店销售，它不是简单的营销网络，但它又没有完全抛开传统营销的理论，而是与传统营销相互整合后形成新的营销形式。它不是孤立存在的，也不等于网上销售或者电子商务。在这里，我们所讲的网店营销是整体营销战略中的一个组成部分，是为实现总体经营目标所进行的、以互联网为基本手段营造网上经营环境的各种活动。

对于网店营销来说，主要有四种策略。

1. 吸引买家策略

如何让你的店铺在众多店铺中脱颖而出，抓住买家眼球呢？

这就必须有足够的吸引力，在你的店铺信誉等级达到一定程度后，你的店铺流量、店铺和宝贝收藏量都会相应提升，这些都是吸引买家的条件，但你还需要一些策略。

这些策略可以是打折促销，可以是秒杀，也可以是新颖的抽奖活动，总之就是要能够吸引人。当然，你的宝贝标题既要优化得好，又要勾起买家的欲望，宝贝标题优化也是需要下功夫琢磨的。

2. 建立信任策略

买家点击进入你的店铺后，如何才能消除戒备心理并对你的宝贝产生购买欲望呢？这就需要一个建立信任的过程。首先，买家一般会浏览宝贝的图片和描述，如果你的图片是实物拍摄，你就要告诉买家，买家就会觉得比较安心了，有一种所见即所得的感觉；其次，描述内容要写得有吸引力，但不是夸张描述，而是把宝贝亮点展示出来；最后，有吸引力的好评内容是必不可少的，如果还没有，那你就需要通过刷钻获得。

3. 销售促成策略

当买家对某个商品产生兴趣并对它产生信任时，成交的可能性就很大了。但还是会有一些因素让对方拿不定主意，这时你就要使出一些“手段”吸引买家下单，例如折扣、免邮或者额外赠送代金券等，促成这笔交易。

4. 情感投资策略

实践证明，情感营销运用得好，绝对是增加顾客黏性的一个好方法。据数据显示，留住老顾客所需要的费用仅是发展新顾客的20%，所以留住老顾客是非常有必要的。这就需要我们在情感方面下功夫，例如赠送礼品、小样，给更多优惠等。当然，新顾客也要不停地发展，因为他们也可能变成老顾客。

在淘宝网店中，网店营销的方式种类繁多，是经营淘宝的一大课题。在卖家首页的功能栏中，有清晰的营销中心分区。

在营销中心栏目，点击“店铺营销”中心，打开营销中心首页。

在屏幕左侧是导航栏，可以进一步进入店铺活动和官方活动；下方是热门活动，向卖家推荐最近热门的活动。第一次进入营销中心时，点击“创建活动”来加入一个新营销活动。

1. 引流宝

引流是指通过一些方法让店铺获得更多的流量，通俗地讲就是得到更多人的关注，也就是引导买家进你的店铺。

在淘宝店铺中，淘宝网提供了一种免费的引流渠道，称之为“引流宝”，指卖家在限定的一段时间内，选择商店内的几款宝贝进行促销活动，而引流宝通过提供技术支持，包括便捷地生成促销活动海报、手机微信链接等方式，为卖家进行流量引导。

商户若参加引流宝需满足以下几个条件：

（1）同一卖家可以创建多个活动；

（2）参加活动的商品必须是包邮商品，并且30天销量数超过1件，活动价格不高于30天内的历史最低价；

（3）一个店铺内的商品，只能参加一个引流宝活动；若已经在一个活动选中，并且该活动处于未开始或进行中等状态下，在另外活动选品中不可见；

（4）一个店铺内的商品，不能同时参加引流宝活动和天天特价活动；

（5）一个引流宝活动中的商品必须大于4个且少于50个。

作为一款免费的引流服务，引流宝这项工具如果能够得到有效利用，则能给店铺带来意想不到的人气和流量；结合手机端的微信分享功能，能让店铺的促销活动快速传播到朋友圈中，达到井喷式的营销效果。

下面在本节中介绍如何在营销中心参与引流宝活动。

首先点击“引流宝”，点击“加号创建活动”。

按照提示步骤，首先填写活动信息，包括活动的名称、时间、说明和范围。

之后填写活动内容，在商店的所有宝贝中选择参加活动的宝贝，选定之后点击“确认并继续填写”。

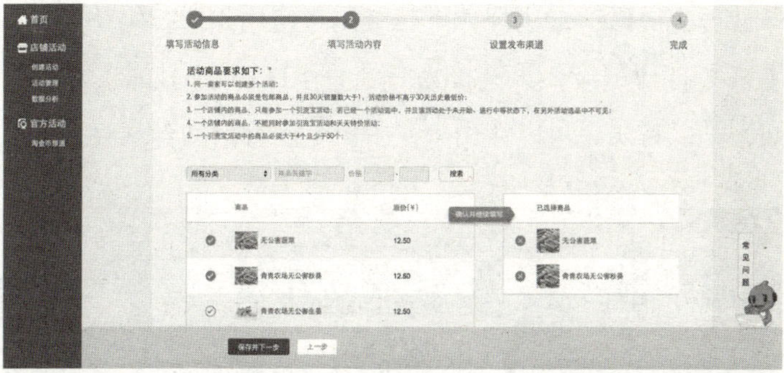

在已选择的商品中填写活动中的促销价格。

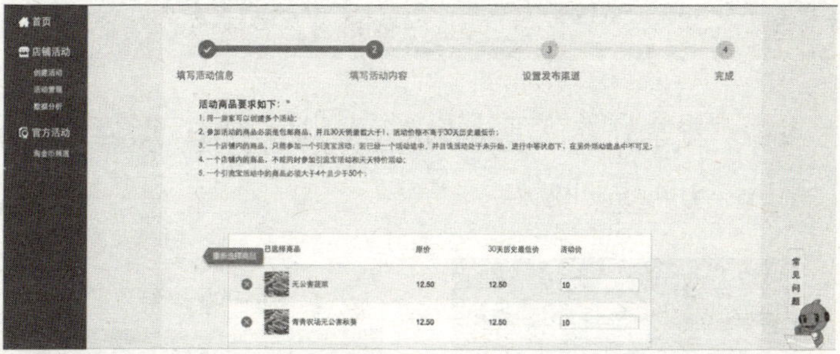

填写完成后，进入第三步，设置发布渠道。这里面有商品投放的渠道和活动消息投放的渠道。

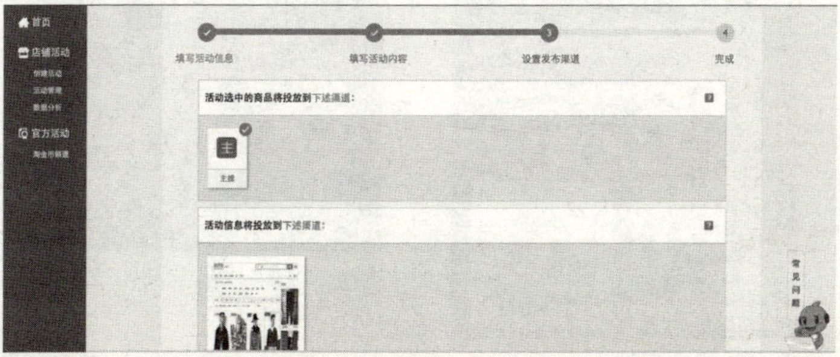

设置完成后，会出现如下二维码。使用微信扫码功能，即可在手机上打开链接，该链接为一个基于HTML5技术的动态宣传页面，辅以音乐，可以让用户在手机上进行滑动等交互操作。

点击“分享好友”可以将链接发到朋友圈；点击“进店抢购”则可以访问活动网店。

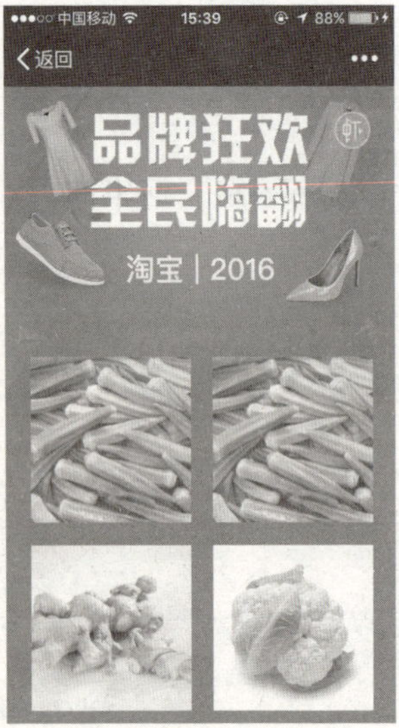

至此，引流宝活动的创建工作就已完成。

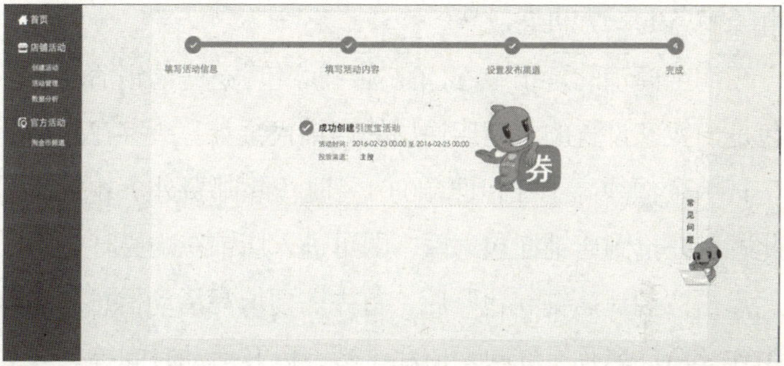

卖家可以在活动管理中查看所有的活动，并按照类别分类展示。

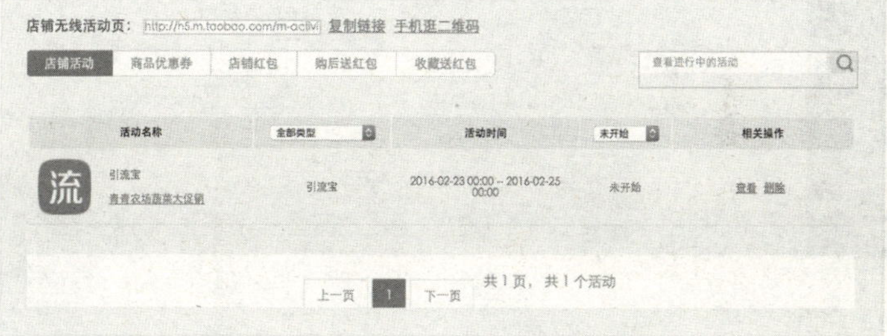

2. 店铺红包

如今随着移动支付的蓬勃发展，从2014年微信支付率先在微信中发布微信红包功能起，发红包这一传统年俗在现代社会中被赋予不同的含义。如今在现实生活中，红包的身影遍布了各个角落，从亲友间过年时的微信“抢红包”游戏，到晚会上数亿人同时参与的“摇一摇抢红包”，再到各商家争先恐后将红包返现运用到营销活动，如何利用好红包这一吸引人的营销手段，可以说是电子商务的一大机遇。

在淘宝商铺的营销中心，有“店铺红包”这一营销活动。店铺红包是由卖家设置的、全店通用的店铺代金券。买家在店铺下单时，订单金额须高于红包面额0.01元时（除邮费外）才可使用。因此顾客在抢到店铺红包之后，即可进入店铺在购买时使用。

点击“创建店铺红包”后，首先需要填写活动信息。活动信息中包含活动名称、红包面值和个数，以及活动时间等。

活动信息填写完成后，需要设置发布渠道。店铺红包的渠道自然是越多越好，因此该活动将投放到若干个默认渠道。

点击“保存”后，红包活动就已设置完成，可以在活动管理中看到红包活动。

除了店铺红包之外，在淘宝营销中心，红包不止这一种玩法。

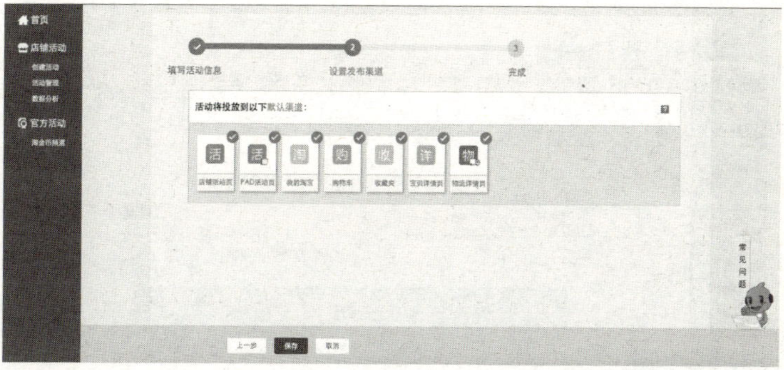

在创建活动页面，选择“收藏送红包”活动。所谓收藏送红包，就是指用户将店铺收藏到收藏夹中，则卖家赠送店铺红包。这样做的好处显而易见，不仅能刺激新收藏的用户立即转化成顾客，还能转化大量只收藏不购买的用户，从而带来源源不断的订单。

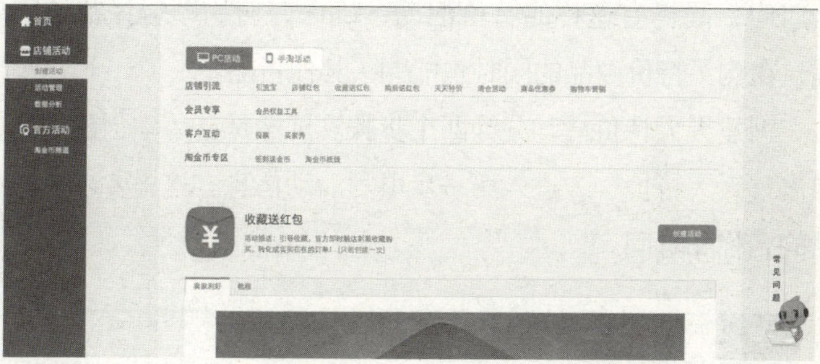

与店铺红包的设置相似，只需要填写活动内容和发布渠道，即可完成活动创建。

另外一种红包称为“购后送红包”，顾名思义，就是购买之后又返还给买家红包，供老顾客再次光临使用。这项活动的创建方法与之前一致。

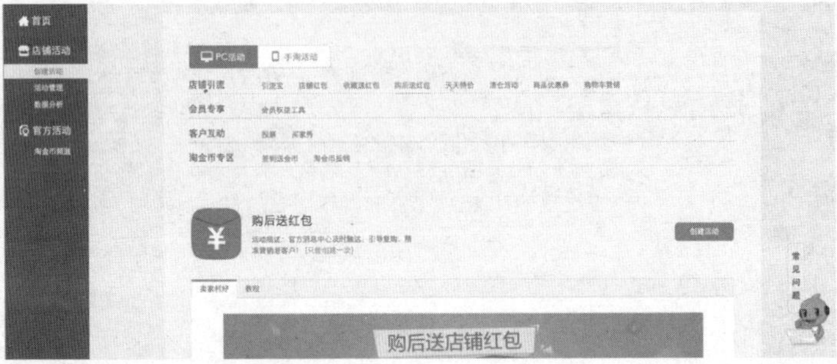

由此可见，红包这项传统民俗，在新时代的电子商务上具有非常灵活的功能，实在是网店营销的一大利器。

3. 天天特价

在现实生活中，我们经常可以看到路边的商铺打出特价广告，在一些超市、商场，每天都有不同的商品在打特价。在淘宝网店中，同样有这样的特价活动，确保商店的顾客经常访问店铺，在购买特价商品的同时也能购买其他货品。

创建天天特价活动分为四个步骤。仍然是在活动创建页面，点击“天天特价”，进入第一步填写活动信息。这里要求填写活动的名称和时间。

第二步是填写活动内容。和引流宝一样，卖家在这一步中选择特价出售的货品，并定义这些货品的折后价格。需要注意的是，参加天天特价活动的商品有以下三个要求。

（1）商品必须为包邮商品，30天销售数量大于或等于3件；

（2）商品必须无区间价（无颜色、尺码等，或者各颜色、尺码的商品价格保持一致）；

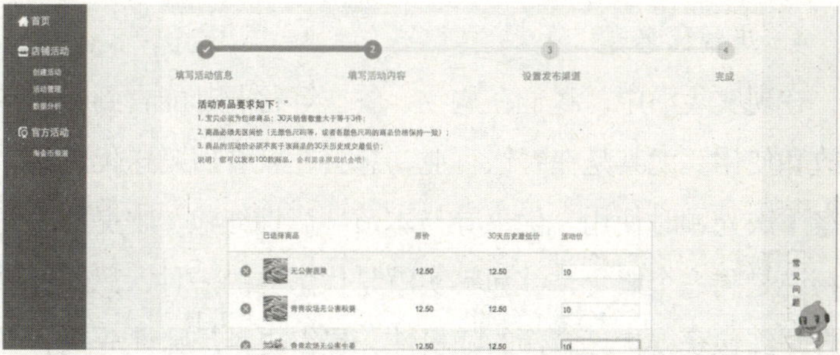

（3）商品的活动价格必须不高于该商品30天内的历史成交最低价。

第三步与其他活动相似，设置活动的发布渠道。

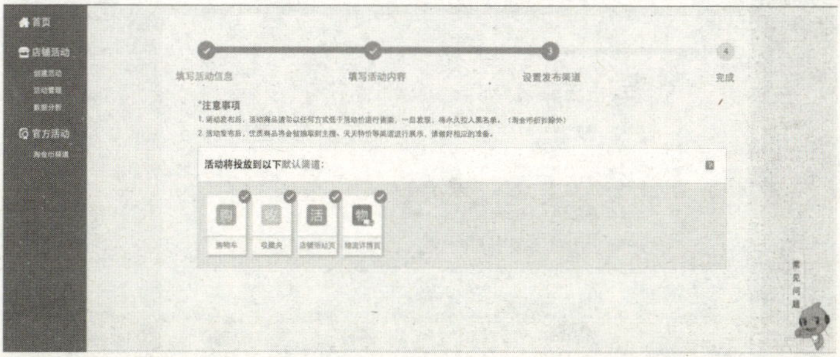

设置完发布渠道，即完成活动创建。

4. 店铺优惠券

在现实生活中，我们在购物、餐饮等行业都能看到优惠券的发放和使用。尤其是在餐饮行业，总会在就餐后赠送优惠券，让顾客下次光顾时使用。优惠券与本节“店铺红包”中提到的红包应该说是同一个概念，红包其实就是优惠券的一种，只不过增加了打开红包获得优惠金额的随机性，显得更具趣味性一些。

仍然在创建活动页面，点击商品优惠券活动。第一步为填写活动信息，包括活动名称、优惠券面值和数量以及活动时间。与红包活动有一点不同的是，红包的适用范围是商店的所有商品，而在商品优惠券活动中，卖家可以选择适用优惠券的商品名单。

第二步是设置发布渠道。商品优惠券的活动内容将会发布在店铺活动页上。

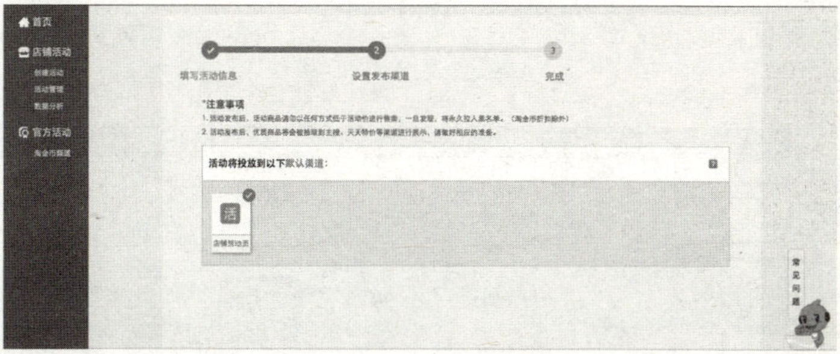

点击“确认”后，店铺优惠券活动便建立完毕。

5. **购物车营销**

在淘宝中，有些买家看中了心仪的产品后，会将产品放入购物车，但并不急于结算。这是因为当这些商品并不是买家的急切需求时，他们会倾向于等到商铺对商品进行打折活动时再进行结算。比如淘宝网“双十一”活动，在11月11日当天就有全场包邮的活动，此时买家再将购物车内的商品结算，可以享受包邮优惠。

另外一些买家，曾经将商品添加到购物车内，但最后删除了商品，并没有进行结算，这可能是因为考虑再三之后并不急于购买这类产品。

以上两类买家，总结来说就是正在观望的买家。但是无论是将商品放入购物车还未结算的人，还是曾放入购物车却没有购买的买家，都说明了他们曾对商店的物品感兴趣。对于卖家而言，如何将这一部分正在观望的买家转化为消费者是一个重要的活动。为此，淘宝推出了购物车营销活动，旨在针对这些正在观望的潜在消费者，将他们转化为实际的消费者。

在淘宝营销中心，有购物车营销活动，点击之后跳转到服务订购界面。

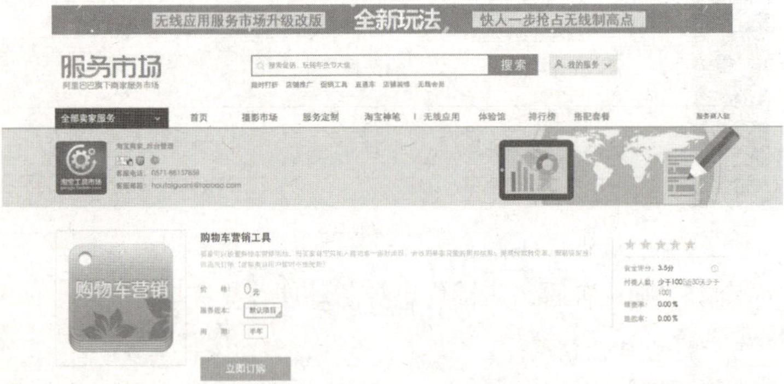

选择免费订购之后，收到订购成功的提示。

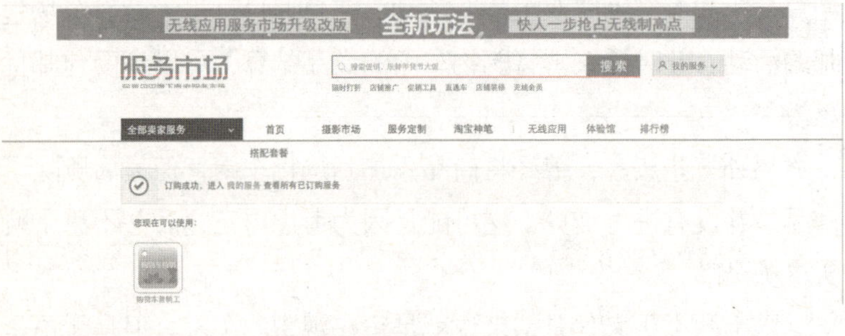

订购成功后，便可进行购物车营销活动。

由于购物车营销是针对那些正把商品放入购物车的买家，因此要求必须有买家目前正将商品放入购物车，否则无法开展营销活动。

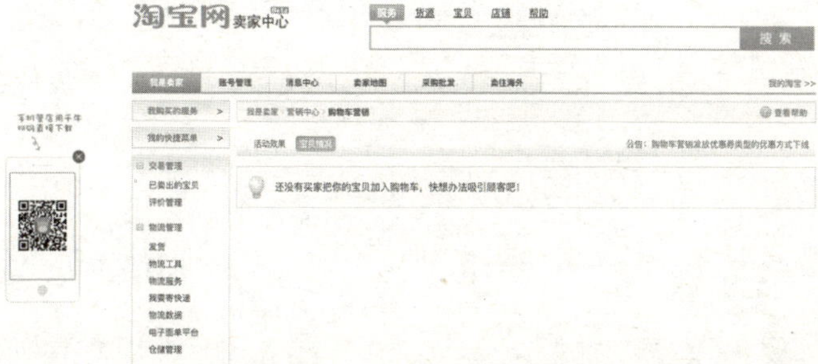

当有买家将店铺的商品加入购物车后，卖家可以针对该商品进行购物车营销活动。

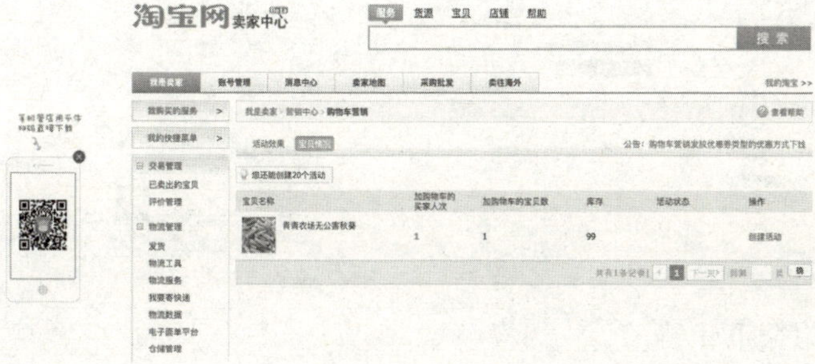

点击“创建活动”后，需要输入活动的基本信息。包括活动名称、活动时间、活动对象以及优惠方式等。其中活动对象大概分为四类，即将宝贝放入购物车1～30天的买家、在本店购买过的买家、感兴趣的买家和比价中的买家。在优惠方式中，卖家可以选择打折优惠或者减价优惠。

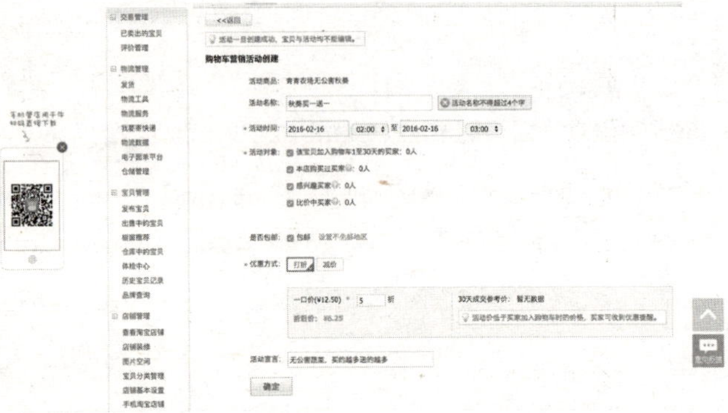

设置完成后，点击“确定”，就成功创建购物车营销活动了。

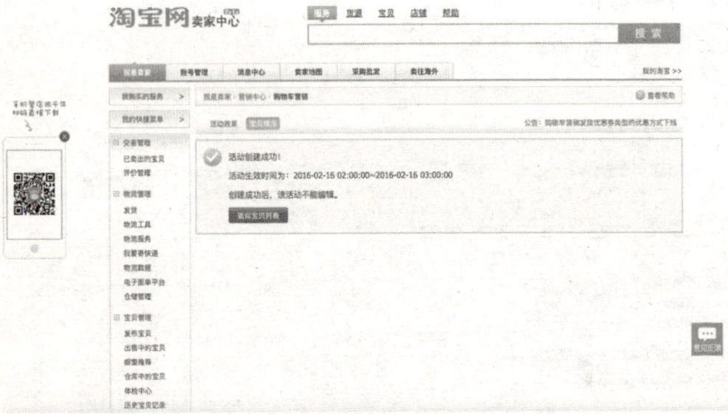

6. 淘金币营销

淘金币是淘宝网的虚拟积分。在淘金币平台上，买家能够兑换、竞拍到全网品牌折扣商品；也可以兑换、抽奖得到免费的商品或者现金红包，并可以进行线上线下商家的积分兑换。这就相当于现实生活中，在银行、电信营业厅等地方办理业务后会返还的积分，当积分足够多时可以换取礼品。淘金币也是积分，但是在淘宝网中的作用可比一般的积分要大。买家可以用淘金币换购物品、抽奖、玩游戏、兑换电子书等，最重要的是，在淘宝网全网还可以冲抵部分货款，最高不超过30%。因此，卖家可以通过淘金币进行营销，在给予买家优惠的同时，也给自己带来流量和订单。

商家营销中心有一个专门官方活动“淘金币频道”。在这个频道中，卖家通过资质认证后报名参加淘宝官方举办的活动，比如“品牌汇”“主题购”，来创建淘金币活动。

这些活动可以让卖家免费获得这些活动中的靠前排位，从而吸引更多的买家进入店铺；与之相对应的，卖家也应该拿出热门商品，供买家使用他们的淘金币积分来兑换，如此一来买家可以获得积分回馈，而卖家也可以获得流量和口碑。以“品牌汇”活动为例，卖家创建活动前，需要通过如下认证。

店铺资质要求
30天内日均成交额>=2000
淘金币数量必须>=0
品牌资质符合报名要求
您的店铺开店时长为8天，活动要求需在90天及以上
您的信用等级不在规定范围之内。您的店铺信用等级为0星，活动要求需在5钻至5金冠之间
要求店铺在如下任意一种食品准入卖家［要求是乳制品（包含婴儿奶粉）准入卖家，要求是乳制品（不含婴儿奶粉）准入卖家，要求是保健食品准入卖家，要求是预包装食品准入卖家，要求是酒类准入卖家］，您的店铺不在其中
店铺类型 ［天猫 淘宝集市 天猫国际］
店铺星级必须为5钻以上

通过认证之后，即可填写淘金币折扣比例、全店折扣率等信息。创建成功之后，即可参加指定时间内淘宝举办的淘金币营销活动。

除了参加淘宝举办的淘金币频道活动之外，卖家也可以举办与淘金币相关的营销活动来吸引买家。在卖家的营销中心内，就有淘金币专区，分别有“签到送金币”和“淘金币抵钱”两个营销活动。

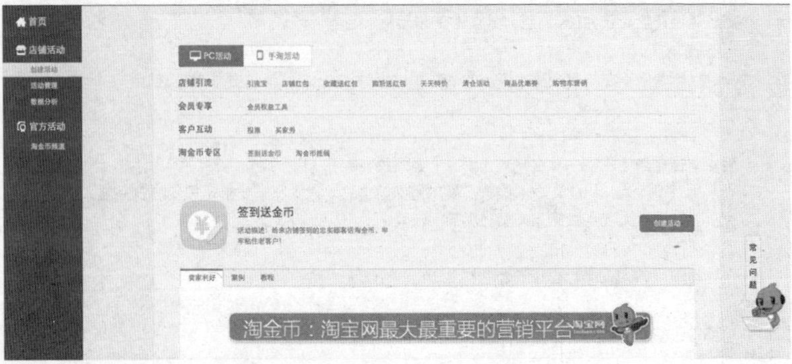

首先是“签到送金币”活动。说到底，所谓的赠送淘金币，无非就是回馈买家，赠送买家积分，跟赠送买家优惠券、红包听起来十分相似，唯一不同的地方只在于红包和优惠券只能在指定的店用于指定商品，而淘金币在全网都能使用。因此为了回馈买家，可以设置签到送金币活动，这样卖家拿出自己持有的一定数量的淘金币，买家只要在活动时间内每天访问店铺就能领取一定数额的淘金币。于买家而言，买家得到了淘金币的收益；于卖家则得到了店铺的点击量和关注度。

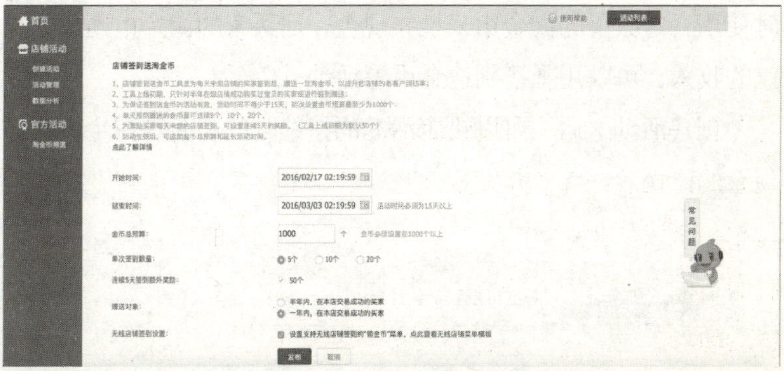

关于签到送金币的规则，主要有以下六条。

（1）店铺签到送金币工具是为每天来店铺的买家签到后，赠送一定淘金币，以提升店铺的老客户回访率；

（2）工具上线初期，只针对半年在店铺成功购买过宝贝的买家或进行签到赠送；

（3）为保证签到送金币的活动有效，活动时间不得少于15天，初次设置金币预算量至少为1000个；

（4）单天签到赠送的金币量可选择5个、10个、20个；

（5）为激励买家每天来店铺签到，可设置连续5天的奖励（工具上线初期为默认50个）；

（6）活动生效后，可追加金币总预算和延长活动时间。

熟悉规则后，卖家可在如下界面中设置活动起止时间与淘金币总预算、单次签到领取金币数量和连续签到的额外奖励以及活动的对象，可以是半年内或者一年内交易成功的对象。设置成功后，即可开始签到送金币活动。

另一个活动称为“淘金币抵钱”，意为卖家允许买家在购物时使用一定数量的淘金币来抵扣现金，而买家的淘金币则成为卖家的收入，可以用于签到送金币等活动。

创建活动之后，可以设置活动的持续时间和允许淘金币抵扣现金的比例。

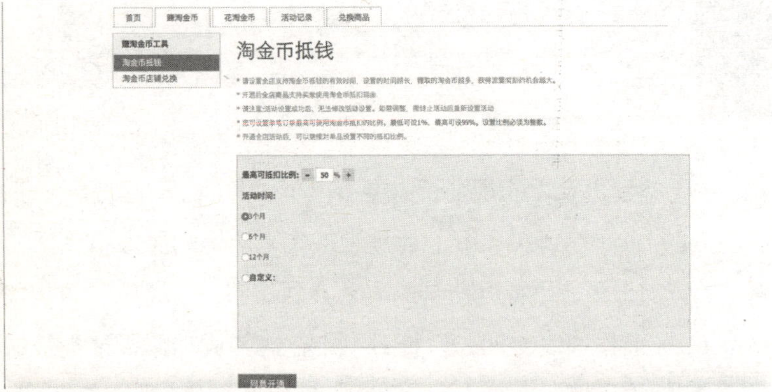

另外，在淘金币卖家服务中心，可以看到更全面、更完整的淘金币相关信息，包括店家的淘金币余额、淘金币收支等信息。

在淘金币卖家服务中心，除了上面提到的淘金币抵钱、签到送淘金币活动，还有其他各式各样的淘金币相关活动。

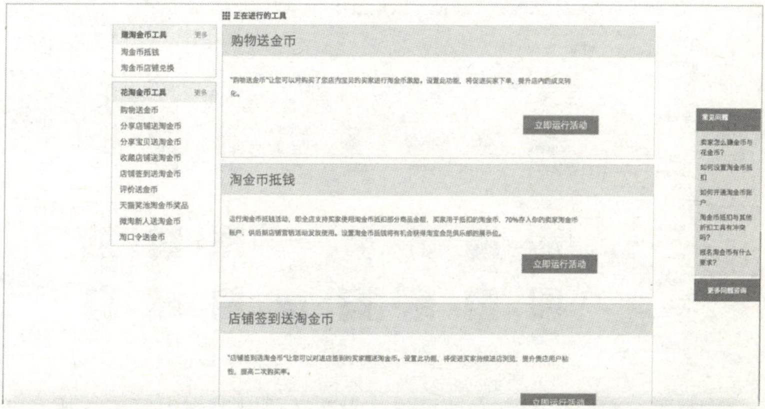

左侧的导航栏标注了卖家赚淘金币、花淘金币的若干种方法，其中花淘金币工具可以让卖家通过各式各样的方式向买家回馈淘金币，比如买家分享了店铺地址可以得到淘金币、买家收藏了店铺也可以得到淘金币等。

淘金币如此多种的功能揭示了一个信号，那就是电子商务与现实中的交易一样，也引入了买家回馈积分的机制，并且已经达到了一定规模，这也预示着服务在交易中越来越被重视。

7. **其他营销工具**

在本节中主要介绍的，是在淘宝卖家首页中的店铺营销中心提供的一些常用的、热门的营销工具。但是淘宝的营销手段并不仅局限于官方提供的这几种，还可以由第三方服务提供商为淘宝卖家提供营销服务。

点击营销中心的“我要推广”按钮，出现推广入口和一些第三方热门营销工具。

除了淘宝提供的官方工具外，卖家还可以得到由第三方开发者提供的卖家服务，这些五花八门的服务可以在卖家服务市场找到。

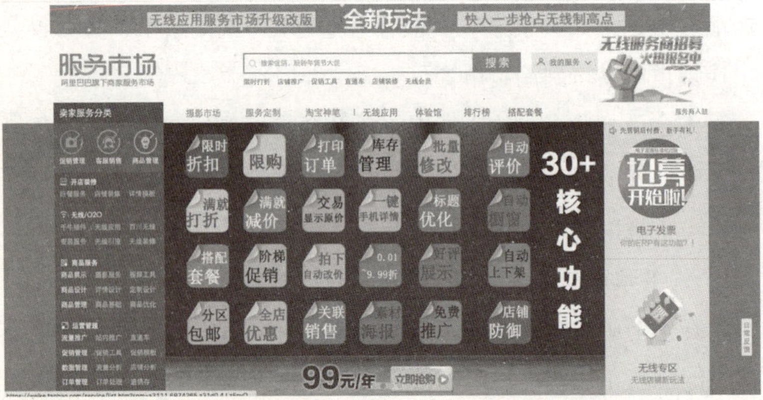

可以看到，在卖家服务市场中，从开店装修设计，到店铺运营、销售的外包服务应有尽有，价格也各有不同。卖家可以在具有一定规模和实力之后根据自己的需求选购这些开发者提供的服务。

在这么多热门营销工具中，我们以“满就送”工具为例，点击之后进入卖家服务市场的订购页面。

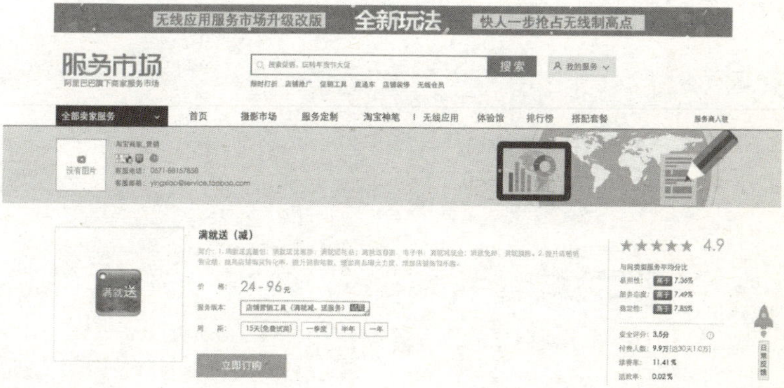

点击“立即订购”后，可以在“我的服务”中查到自己订购的所有服务，方便进行续费、取消等管理操作。

以“满就送”为例，点击蓝色按钮“立即使用”。首先填写活动信息，例如活动名称和活动时间。在活动详细信息处，可以选择优惠方式和条件，比如消费满50元则达到优惠条件。在优惠内容处，商家可勾选多种优惠内容，比如满50减5元、满50送产品以及免邮服务。

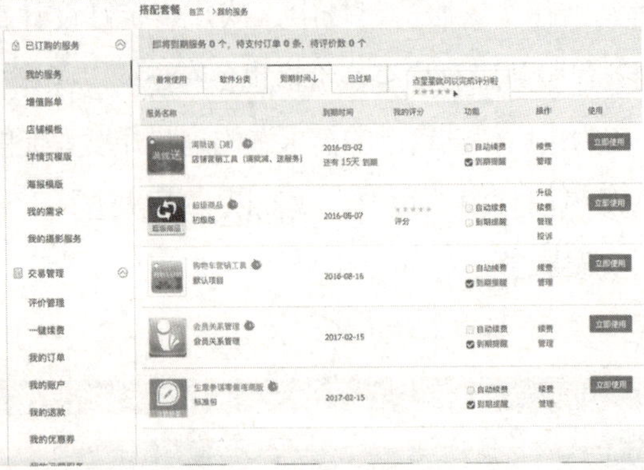

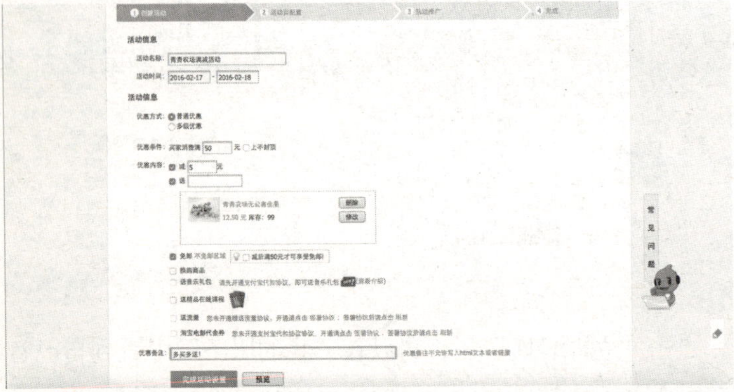

编辑完成后，进入活动页配置界面，这里“满就送”自动生成了活动推广页面，可以用于在“微淘”平台的推广。

第四节 微信营销

微信营销的本质实际上是利用微信公众号进行操作。和淘宝的“商店”概念不同，微信公众号并不局限于开店这一范畴之内。大到政府机关的官方信息平台，小到个人的博客的消息推送平台，都可以由微信公众平台实现。因此微信只是一个载体，本质是一个社交网络，连接认识的亲朋好友，其特点是好友之间信任度高，分享方式简单，相当于在几秒钟之内就实现了口口相传。而只要利用合适的工具，将微信公众号改造成一个带有店铺属性的平台，就可以利用微信这种传播迅速的特点，对店铺进行微信营销。

一、在微订平台注册账号

微订（www.veding.com）是由上海逊柯计算机科技有限公司精心研发的基于微信公众平台的产品，主要集成外卖、点餐、预定、微信开店的功能，微店家可以在微订后台建立店铺，绑定微信公众号，消费者只需关注店家的账号，即可浏览商品与店家的信息，消费者关注商家后，根据提示，进行选购商品，下单在线支付，简单三步，15秒内即可完成微信下单。

微订系统是供商家用来编辑商品、管理商品、处理订单等的一个后台，而微信公众号是展示店铺、商品，供顾客下单支付的一个前台。

初次打开微订网站，点击右上角的“注册”按钮进行注册。在简要输入基本信息后，即可成功注册进入店铺创建环节。

二、在微订开通店铺

完成微订开店只需按提示完成以下三个步骤：

1. 创建店铺，输入店名、地址、电话和营业时间等基本信息。

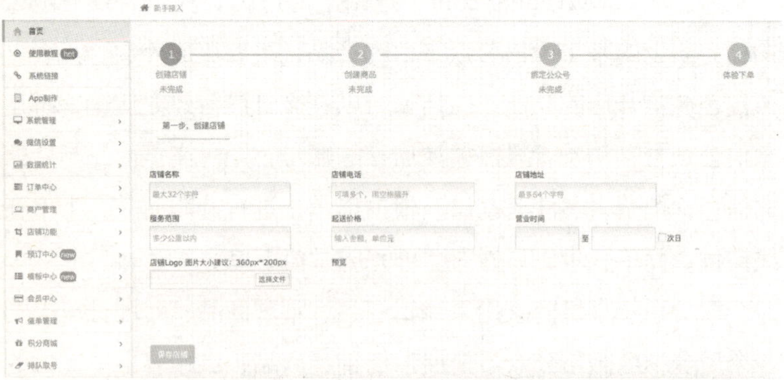

2. 创建商品，输入品名、单价与照片，即为摆上货架的一件商品。

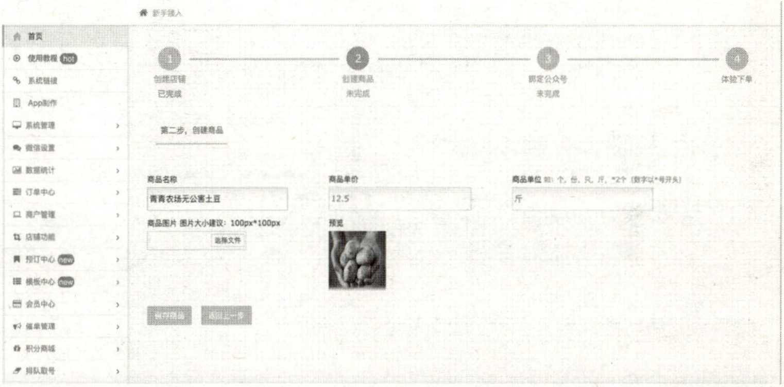

3. 绑定公众号。因为微订是一个协助微信订阅号进行店铺管理的第三方工具，所以需要与之前在微信公众平台申请的订阅号进行绑定。只需要打开微信，通过简单的“扫一扫”即可完成这一步骤。

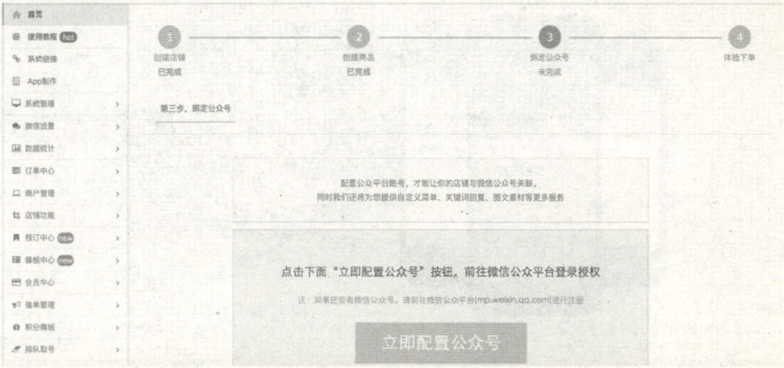

之后可通过左边的功能栏体验众多的功能，在商户管理中可以对商铺和产品进行查询和修改。

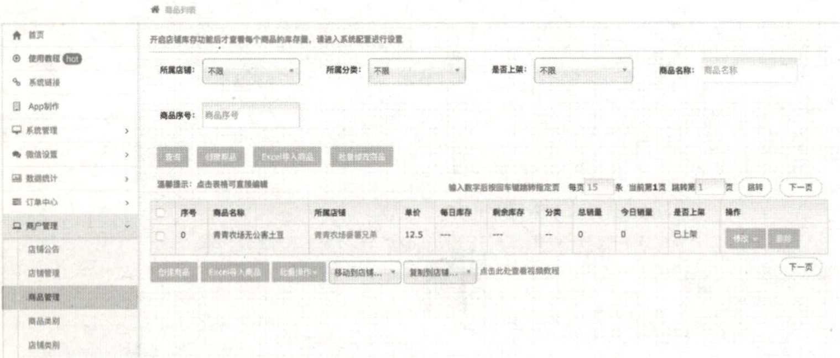

三、微订商家客户端下载

微订这款产品提供多平台的客户端，方便商家在手机、电脑等多种设备上管理店铺。

四、手机微店

随着移动互联网技术的发展，越来越多的业务可以放到手机上运行，而微店就是这样一款可以在手机上便捷操作的手机开店产品。

微店具有无手续费、账期极短的优点以及实用强大的功能。同时，它支持信用卡、储蓄卡、支付宝等多种方式付款，且无须开通网银，安全又方便。

在手机上即可完成商品管理、订单管理以及各种销售数据的管理。

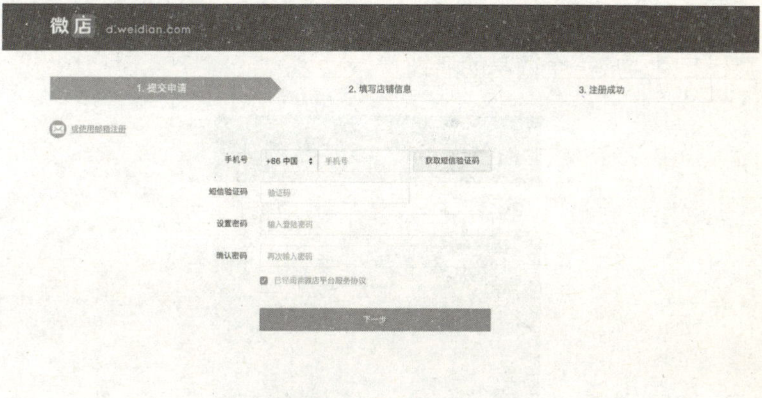

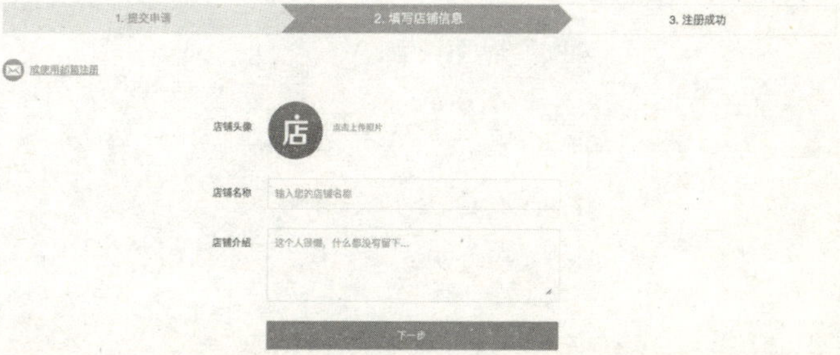

第一次打开微店官方网站时，点击“注册”按钮进入账号注册环节。

注册成功后，即可用手机微信“扫一扫”打开微店。此时微店已自动生成一个简易的店铺。

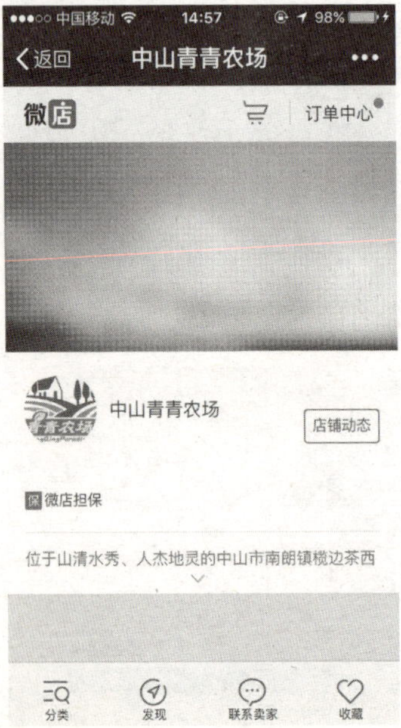

五、微店基本设置与优化

在完成基础的账号注册之后，现在就来探究如何在微店简单地装修店铺、发布商品吧！

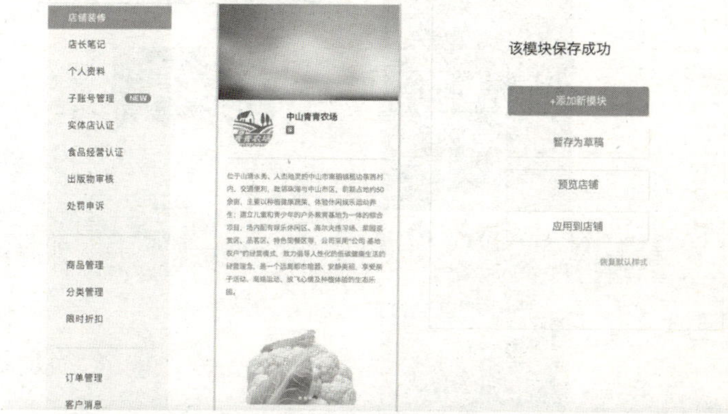

在左侧功能栏中点击“店铺装修”按钮，就能看到店铺可以按照模块进行装修。点击“添加新模块”后，将看到所有可用模块。这些模块中包括导航栏，即点击后可以跳转到诸如商品的指定位置处，包括图片广告，使用滚动大图的方式展示商品的多角度图像，还包括商品推荐等形式。

比如在轮播广告模块，用户可以添加多张商品的图片，系统将自动定时切换图片，达到广告效果。

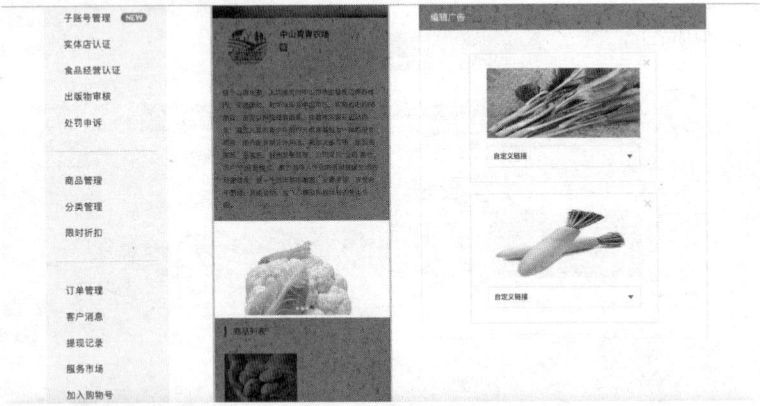

完成店铺装修之后，可以点击“预览店铺”，即可在电脑浏览器上预览到手机页面效果。

装修完店铺之后，在左侧的“商品管理”处，可以进行商品的发布和管理。

“商品管理”可以清晰地显示所上架的产品，并显示销量、库存和分类等信息，并且可以编辑、下架与删除商品。在右上角的“添加商品”处，可以新建一个商品。在此可以添加商品的图片和描述、价格以及库存，还有邮寄方式。

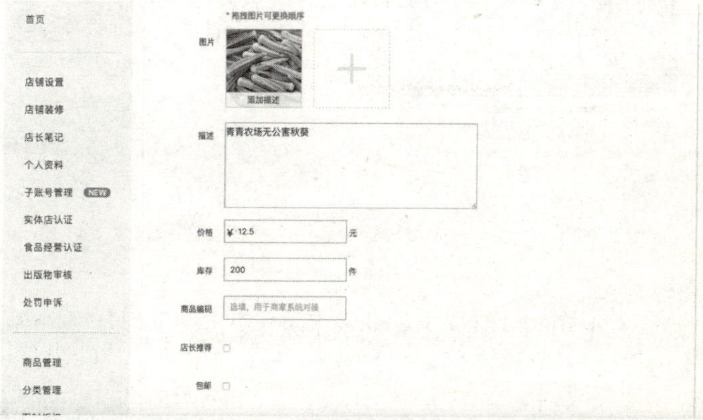

确认之后，可以在“商品管理”处看到所添加的商品已经成功上架。

在如今的电子商务中，开店的卖家并不只是把渠道锁定为某个特定平台，而是使用多个平台同时售卖，也就是说，卖家可以同时开设淘宝店铺、微店等多个平台的商铺，并利用一些第三方工具有效、便捷地同时管理这些商铺。比如，卖家在淘宝与微店都拥有商铺，并率先在淘宝上更新了几款货品，而在微店平台，为了让卖家避免再一次烦琐地更新货品，可以通过使用便捷的第三方工具快速添加商品。下面我们以“微店上架助手”为例。

在搜索引擎中输入“微店上架助手”，打开网址为“http:

//www.tcat1212.com/”的上架助手首页。

点击左上角的“微店上架助手工具集”，进入微店登陆界面。

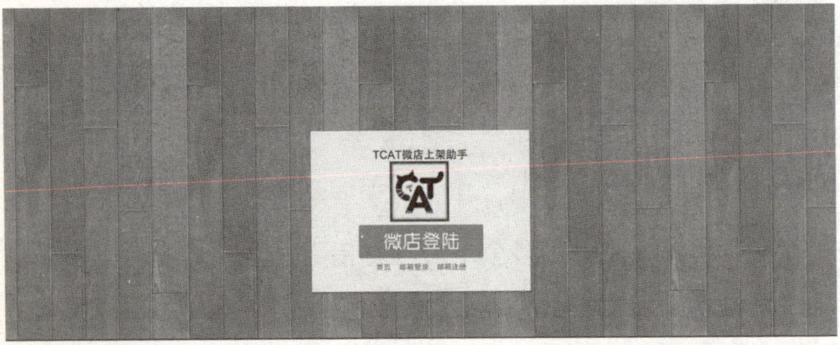

输入微店的账号、密码后，将微店授权给上架助手来操作。

在左侧的功能栏中，可以选择“单品上架”或者“批量上架”，二者原理相同，这里以“单品上架”为例。

打开商家的淘宝店铺中更新的货品，如图中“青青农场的薯仔兄弟”店铺中的“无公害蔬菜”这一货品在浏览器网址框中复制该货品的链接，粘贴到微店助手中。之后点击“准备资源”。

资源准备好后，微店助手在后台抓取所选链接中的数据，并填充到对应位置，让商家修改后准备发布。

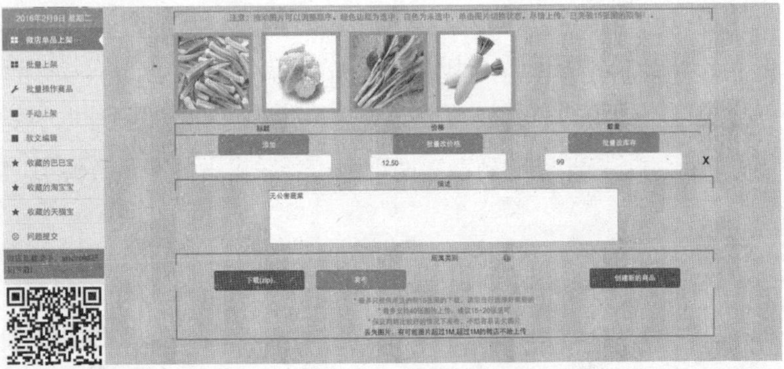

商家可以自己修改标题、价格、数量和描述等，修改完成后，可以点击“发布”。之后登录微店，即可看到商品已成功上架。

另外，在微店平台中所获收益全部都存储在微店中，如需将现金提出必须绑定银行卡，方可取出现金。

在网页版微店中不支持银行卡绑定业务，需要在手机上下载微店客户端。下载之后登录微店的账号。

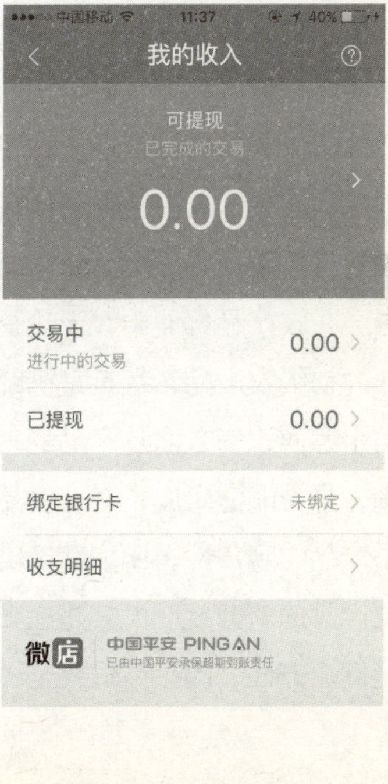

点击“绑定银行卡”后输入姓名、银行账号等信息，即可绑定成功；成功后将收到提示短信。

第五节 农产品的展示方式和包装手段

在淘宝店铺中，店铺的装修方式和商品的展示方式多种多样，不同行业的店铺、不同种类的商品应该采取不同的展示方式，侧重点也不同。比如服装行业在展示商品的时候侧重的是全方位角度的服装样式，以及模特上身之后的样例，因此服装店店主会将一套服装从正面、侧面、上面展示，并从各个局部位置特写来阐述服装的设计理念和特点，并有模特上身照来显示穿上身之后的效果，最后辅以其他搭配的帽子、配饰以及鞋来烘托服装的整体效果。

在农产品行业中，无论是农产品芽苗类的商品，还是已经成熟的初级农产品，甚至是已经经过加工的食品，一般来说都看中两个方面，一方面是产品的功能性，在芽苗类中就是种子是否饱满，是否能健康成长，在食品类中就是产品是否可口；另一方面是产品的观赏性，比如芽苗类的种子长出的植株的健康度，还有农产品的新鲜度。尤其是在如今社会，人们购买农产品更看重的是健康方面，即生产过程是否为无公害或者有机、是否加入一些添加剂等，那么展示产品的新鲜度就是需要关注的地方。

对于农产品来说，不需要像服装行业一样注重各方位的视角，只需要清晰、美观地展示产品即可。一种方法是以纯白平台为底，拍摄出产品的特写，让用户看清楚即可，而且白色背景也方便图片的后期加工处理。

另一种方法是突出其天然的特性，可以使用在生产过程中的照片，比如园地实景、栽培过程中的真实图片，突出其天然的健康属性，以不经过分修饰的淳朴形象包装农产品，让顾客放心。

在突出内容主题的前提下，后期只需利用美图秀秀、Photoshop等技术软件即可将图片稍加修饰上传。在前文提到的服务市场中，也有店铺装饰、设计的服务可以选购。

第六节 农产品的包装设计和物流配送

对于如何包装农产品，要视农产品的种类而定。像加工过的农产品，比如花茶、果脯这些相对来说易存放与包装的农产品，可以选择工厂设计专用的食品包装袋，标明食品成分及日期。而一些不易存放的初级农产品，比如生鲜瓜果类，就需要以保证新鲜为主要目标。

对于生鲜类农产品的配送，随着如今物流行业的飞速发展，一般来说全国范围内5天之内一定可以送达货品。而对于生鲜这类对运输过程中食品新鲜度要求非常高的货物来说，一些快递公司，比如顺丰，就以其特有的冷链配送技术，推出生鲜速递服务。对于新鲜水果这类脆弱、易腐坏的货物，快递公司除使用标准的包装箱，并填充海绵、泡沫等材料之外，还会放置干冰袋等制冷物品于包裹中，并将包裹保存在冷冻运输车中，在最大程度上确保货品运输过程中的新鲜度。

农产品卖家可以根据自己的需求，选择合适的快递公司的相关服务，并且记得在店铺的配送方式上标明配送服务与价格。

第七节
农产品的售后服务和保险意识

在第六节中，我们提到如何保持产品的新鲜度是农产品运输的一大问题。有时即使是最好的快递公司推出的服务，都有可能出现意外，使得货物送到顾客手上的时候出现质量损耗。

在淘宝等电子商务平台中，售后服务是给予消费者保障的主要方法。为了带来更多的客户流量，让客户放心购买，淘宝推出无忧退换货等服务，即购买有“无忧退换货”标识的商品后，在所售商品符合退换货要求的情况下，自售出之日起7日内可以退货，15日内可以换货的服务承诺。当然，有些生鲜易腐类产品并不适合这些服务承诺，顾客也因此不会得到退换货保障。

对于商家来说，如果出现了运输过程中质量损坏的情况，即便消费者没有得到退换货保障承诺，也应该提供一些解决方案，确保顾客的再次光临，因此商家可以在寄送包裹时选择一些保险服务，保障运输过程中可能发生的意外对交易带来的损失，这也是商家责任感与良好口碑的表现方式。

参考文献

[1]胡浪球．农产品营销实战第一书[M]．北京：企业管理出版社，2015.

[2]蔡根女．农业企业经营管理学[M]．北京：高等教育出版社，2009.

[3]张发凌．新手开网店一本就够[M]．北京：中国邮电出版社，2014.

[4]冯英健．网络营销基础与实践[M]．北京：清华大学出版，2002.

[5]马骏，李变荣．农产品营销案例解读[M]．北京：高等教育出版社，2012.

[6]（美）舒尔茨．改造传统农业[M]．梁小民译．北京：商务印书馆，2010.

[7]蒋高明．生态文明决策者必读丛书——生态农场纪实[M]．北京：中国科学技术出版社，2013.

[8]褚士莹．在天涯的尽头，归零[M]．上海：上海文艺出版社，2013.

[9]傅志强，王学华．现代农场规划与建设[M]．长沙：湖南科技出版社，2013.

[10]刘跃明．我有一个农场[M]．北京：中国华侨出版社，2014.

[11]刘志，耿凡，徐健剑. 互联网+现代农业[M]. 北京：中国农业科学技术出版社，2015.

[12]高武国，李鲁涛，徐耀寿. 农产品电子商务与网络营销[M]. 北京：中国农业科学技术出版社，2015.

[13]文丹枫，徐小波. 再战农村电商——“互联网+”时代的下一个战场[M]. 北京：中国邮电出版社，2016.